Así se exportó la revolución

Pedro Pedrosa

JURADO
publishing

MIAMI

ISBN: 978-1533545183

Editorial Jurado

juradopublishing@yahoo.com

SINOPSIS

El mayor aporte de esta obra es el describir la anatomía ideológica y la estructura operativa de un proyecto político expansionista capaz de exacerbar los sentimientos más primitivos de los grupos sociales más desfavorecidos. En tanto los valores del individuo, la competitividad y la propiedad privada no sean entendidos y aceptados por nuestras naciones "La Revolución Socialista" será una amenaza latente para el planeta.

Cuando se estudie el impacto de la política exterior de Hugo Chávez, sin apelar a los convencionalismos y formalidades de las Relaciones Internacionales; se entenderán las graves consecuencias que para Latinoamérica ha ocasionado este fenómeno. Fenómeno que rompió más que con lo convencional, con la legalidad, y que dejará secuelas por muchos años en la forma de relacionarnos en la región.

La política exterior del "Socialismo del Siglo XXI" desprecia la diplomacia formal para privilegiar mecanismos paralelos que atenten contra la institucionalidad del Estado y faciliten la penetración de una visión colectivista de la sociedad. Los recientes sucesos en la Argentina, Brasil o en la misma Venezuela no significan en modo alguno la culminación de lo que algunos han denominado "El periodo del populismo en Latinoamérica" simplemente significa que sus actores se encuentran replegándose y reagrupándose para emprender una nueva ofensiva.

Bernardo Jurado

ÍNDICE

INTRODUCCIÓN

En el año 2010 tenía apenas 2 años de haber pasado a retiro del servicio activo de la Armada; el motivo de mi retiro voluntario fue la aberrante politización de una institución cuyo objetivo es servir a la nación; sentí ese entonces que no podía hacer mucho por mi país desde las Fuerzas Armadas, más aún cuando la orden era "hacer política con uniforme". Entonces decidí hacer política, pero para eso —me quité el uniforme—. Sin embargo, para mí fue muy útil el tiempo que estuve como "observador" en la Armada, ya que como ciudadano me preocupaba lo que entendía como la paulatina destrucción del país y sus instituciones pero como militar no podía participar en absolutamente nada. Fue así como cuando cursando el post grado en "Derecho y Política Internacional" en la Universidad Central de Venezuela y al enfrentarme a la necesidad de realizar un trabajo de grado me tracé dos objetivos, el primero Estudiar el Socialismo y el segundo que lo que resultase de ese trabajo, se convirtiese en un Libro.

El motivo por el cual se estudia en este libro el socialismo del Siglo XXI como una tesis política con capacidad de penetración en los países de América Latina, es por un lado la carencia de material al respecto; el tema ha sido desarrollado por algunos autores, pero nadie alerta de los riesgos que este modelo reviste para los países que sean víctimas del mismo, la tesis ha calado en algunos países, ¿afinidad o necesidad?, ¿viabilidad o conveniencia? Al mismo tiempo pudiésemos preguntarnos si la política exterior venezolana, ha sido o no una herramienta eficiente al servicio del gobierno venezolano como mecanismo de exportación del modelo Socialista del Siglo XXI. Esto no es fácil de determinar y más aún no ha sido objeto de análisis la capacidad de la cancillería en ese aspecto, ni siquiera si es esa en realidad la función a desempeñar por este organismo del poder público nacional, el cual ha sido objeto de transformaciones que dejan en entredicho su capacidad como ente generador de política exterior.

En otro orden de ideas, el Socialismo del Siglo XXI, es reseñado únicamente por los autores que lo promueven, fieles a la tradición de la izquierda mundial, que desde la ideología vienen a redimir a la humanidad de "los males que propaga" el sistema de producción capitalista; son exclusivamente los socialistas los que han escrito acerca de la filosofía del Socialismo del Siglo XXI. Por su parte quienes adversan la tesis, no han ido más allá de los artículos de prensa condenatorios del fenómeno. Estudiar el Socialismo del Siglo XXI y su capacidad de penetración en América latina, tiene por objeto relatar su evolución, cómo llega a posicionarse y sobre todo cuál es su capacidad de penetración como propuesta política e ideológica. Su principal promotor, el Presidente de Venezuela Hugo Rafael Chávez Frías, ha recurrido hasta los propios orígenes del cristianismo al afirmar, en concordancia con Benítez (2005), que

> ...el primer socialista de nuestra era fue Cristo. El Socialismo debe nutrirse de las corrientes más auténticas del cristianismo. Haremos el Socialismo desde nuestras propias raíces, desde nuestros aborígenes y cita experiencias como: i) las comunas en Paraguay y Brasil; ii) el socialismo utópico que representó Simón Rodríguez; iii) el planteamiento de Bolívar de libertad e igualdad; iv) los planteamientos de Artigas, el gran uruguayo, de que hay que invertir el orden de la justicia, eliminando los privilegios.- ("Presidente Chávez", Aporrea, 2005).

Si bien solo se abordará tangencialmente en esta investigación, otro de los motivos para estudiar la capacidad de penetración del socialismo del siglo XXI en la región de América Latina, es la reacción de los organismos Internacionales y en particular la Organización de Estados Americanos (OEA), ante las ejecutorias de la política exterior venezolana en los países de la región. La aparición en el año 2007 de las denominadas Casas del ALBA, en países como el Perú, acto que fue calificado de injerencia del gobierno venezolano en asuntos internos de ese país, por los representantes del gobierno peruano.

Otra acción ejecutada por la política exterior venezolana, ha sido descalificar a la OEA, he incluso amenazar con retirarse voluntariamente del bloque de integración hemisférico.

El presidente venezolano Hugo Chávez amenazó con retirar a su país de la Organización de Estados Americanos (OEA) en caso de que ese organismo llegue a condenarlo por el caso de la televisora privada Radio Caracas Televisión (RCTV). "Si la OEA, después de todo lo que ocurrió aquí, llega a condenar a Venezuela, pues Venezuela se retirará de la OEA. Cuba se retiró y no se ha muerto" ("Chávez amenaza con retirarse", *Nación*, 2007).

Estas declaraciones fueron dadas por el primer mandatario venezolano durante la realización de la Cumbre Extraordinaria del ALBA, celebrada en Barquisimeto en Abril de 2007.

Este problema se desarrolla en la región de América Latina, entendiéndose como los países del hemisferio excluyendo a Canadá y los Estados Unidos, ya que la propuesta del gobierno venezolano ha tenido sus coqueteos con países centro americanos, particularmente en Honduras, así como pudiésemos también incluir una aproximación con el líder mexicano Luis López Obrador y su ámbito de influencia se ha extendido hasta la Argentina de los Kirchner, quienes han mostrado simpatía por el mandatario venezolano y su propuesta.

Por otro lado, a pesar de que la propuesta aparece con nombre y apellido en Enero de 2005, debemos recordar los inicios del acercamiento del gobierno venezolano a la tesis socialista; para ello partiremos el estudio en el año 2000, cuando aún se manejaba como plan de gobierno el documento llamado Líneas Generales del Plan de Desarrollo Económico y Social de la Nación 2001-2007, donde la política exterior era uno de esos equilibrios. Ese era en líneas generales el plan de gobierno para el periodo 2000-2007; posteriormente éste se convertiría en el Plan Socialista Simón Bolívar 2007-2014, donde ya se habla claramente de la doctrina socialista, entre otros tópicos abordados desde su perspectiva.

El objetivo de este libro es alertar sobre el modelo propuesto por el Presidente Venezolano como Socialismo del Siglo XXI, para ser desarrollado en los demás países de la región. Para realizar este trabajo primero ubicaremos el origen de la propuesta y si existen uno o varios hechos que hayan dado origen al concepto, posteriormente definiremos el concepto, a partir de las múltiples explicaciones y definiciones que se han dado. Una vez definido el concepto, evaluaremos el papel de la política exterior venezolana como herramienta de exportación del modelo y finalmente se realizará una caracterización de los países de la región que han sido penetrados por el mismo. Desde este análisis estaremos en capacidad de entender si es viable o no la penetración, expansión y sustentabilidad del Socialismo del Siglo XXI.

La política exterior venezolana se enmarca en el cuarto debate de las teorías de las relaciones internacionales y en particular en la tesis del constructivismo social propuesta por Alexander Wendt. Esta teoría es aplicable al estudio del fenómeno y su propagación, ya que la retórica del gobierno venezolano ha construido una identidad en función de sus intereses y viceversa, además, abordaremos la teoría crítica de la relaciones internacionales de Robert Cox, ya que la forma de acción de la política exterior venezolana, encaja particularmente dentro del esquema que propone este autor. Cox propone una estructura de acción que fue de forma deliberada o no aplicada por la política exterior venezolana para ejecutar su plan de expansión.

La política exterior venezolana, fue delineada a finales del año 2000 en el documento conocido como Líneas Generales del Plan de Desarrollo Económico y Social de la Nación 2001-2007, donde desde un principio se proponen estrategias como: promover la democracia participativa y protagónica, la integración política como opción estratégica, impulsar un nuevo modelo de integración económica en América Latina, implementar un nuevo modelo de Fuerza Armada Nacional y promover un nuevo régimen de seguridad hemisférica, entre otros. Al revisar el mencionado documento no se encuentra la expresión Socialismo del Siglo XXI por ningún lado; sin embargo, a pesar de que muchas de las premisas expresadas en ese documento han sido obviadas por la actual administración, las líneas centrales de esa propuesta de política exterior se han ejecutado.

Desde el principio el diseño de la propuesta de la política exterior venezolana tenía como objetivo principal fortalecer la soberanía nacional y promover un mundo multipolar. De esta manera, encontramos que en las Líneas Generales del Plan de Desarrollo Económico y Social de la Nación 2001-2007 en materia de equilibrio internacional tiene por objetivo principal "estimular la gestación de un mundo multipolar, diversificando las formas de relacionamiento, privilegiando las relaciones con los países latinoamericanos y caribeños y redefiniendo el modelo de seguridad hemisférica" (p. 142).

Sin embargo, el discurso del Jefe de Estado venezolano había sido muy moderado, hacia quien, desde su perspectiva constituye la tesis opuesta a la multipolaridad (Estados Unidos), nación que representa la hegemonía o el "mundo unipolar". En este sentido, Ellner (2009) afirma que:

> Para el momento en que Chávez llega al poder en 1998, El poder político norteamericano se encontraba en su punto máximo con el colapso de la Unión Soviética en 1991, y la aceptación general del modelo promovido por los Estados Unidos, también había declinado para finales de 1990 (p. 121).

Era el momento de alzar las banderas de la multipolaridad, con el objetivo de mostrarse a lo interno como un nacionalista, al tiempo de iniciar su campaña por el liderazgo internacional. Esto no es casualidad en modo alguno, por el contrario en ese momento aún no se concluye el debate entre el neo-realismo y el neo-liberalismo, y ya comienza el debate entre el racionalismo y el reflectivismo, donde se enmarca como uno de los más importantes de sus enfoques el *Constructivismo Social en Relaciones Internacionales*. Pero el rótulo constructivismo (o constructivismo social) se usa en una medida cada vez mayor para identificar una corriente que parece diferenciarse cada vez más del resto de las vertientes teóricas insertas en el reflectivismo.

A pesar de los numerosos puntos de desencuentro entre los gobiernos de Caracas y Washington, la retórica anti-imperialista no aparece hasta el año 2003, cuando tras haber sorteado los obstáculos que sembró el paro general y tras la intervención de los Estados Unidos en Irak, aparece una excusa para señalar al gobierno de George W. Bush, como imperialista y achacar a este fenómeno todos los males del planeta. El tema del ALCA (Área de Libre Comercio para las Américas), había sido punto de controversia entre ambos Estados, la posición de Venezuela es que éste era un instrumento de dominación económica sobre los países de la región.

Pero el preámbulo de esa dicotomía entre el ALCA y la respuesta que Venezuela proponía para ese "instrumento de dominación imperialista" La Alianza Bolivariana para los pueblos de América (ALBA) se evidenció en el marco de la Tercera Cumbre de las Américas realizada en Quebec en Abril del año 2001. En esta oportunidad Venezuela pretendió introducir el concepto de democracia participativa y protagónica para reemplazar el concepto de democracia representativa. Las únicas observaciones a la declaración final, fueron las presentadas por la delegación venezolana; estas orientadas en la siguiente dirección:

La delegación de Venezuela desea reservar su posición acerca de los párrafos 1 y 6 de la Declaración de Quebec, por cuanto a juicio de nuestro Gobierno la democracia debe ser entendida en su sentido más amplio y no únicamente en su carácter representativo. Entendemos que el ejercicio democrático abarca además la participación de los ciudadanos en la toma de decisiones y en la gestión de gobierno, con miras a la construcción diaria de un proceso dirigido al desarrollo integral de la sociedad. Por ello, el Gobierno de Venezuela hubiese preferido, y así se solicitó en esta Cumbre, que en el texto de la Declaración quedase reflejado expresamente el carácter participativo de la democracia.

La delegación de Venezuela reserva su posición sobre el párrafo 15 de la Declaración de Quebec y el párrafo 6-A del Plan de Acción, en virtud de las consultas que se llevan a cabo entre los diversos sectores del Gobierno nacional en función de nuestra legislación interna, para dar cumplimiento a los compromisos que se derivarían de la entrada en vigor del ALCA en el año 2005 (Declaración De Quebec, tercera Cumbre de las Américas, 2001).

Así quedó plasmado en la declaración final de la Tercera Cumbre de las Américas, suscrita en Quebec en abril de 2001. El discurso contra el capitalismo siempre ha estado presente en la retórica chavista y desde esa misma cumbre de Quebec, quedó claro que Venezuela no apoyaría la iniciativa. Fue entonces asomada la idea del ALBA, como modelo de democracia participativa en contra posición a la democracia representativa

El ALBA es una propuesta de integración diferente. Mientras el área de libre comercio para las Américas (ALCA) responde a los intereses del capital transnacional y persigue la liberalización absoluta del comercio de bienes y servicios e inversiones, el ALBA pone el énfasis en la lucha contra la pobreza y la exclusión social y, por lo tanto, expresa los intereses de los pueblos latinoamericanos (Blanco y Linares, 2008).

Sin embargo, esta iniciativa se concreta tres años más tarde (2004) con la creación del organismo, más como un acuerdo binacional entre Venezuela y Cuba que como una iniciativa de integración hemisférica. Se había conjugado el discurso anti-capitalista, con el discurso anti-imperialista.

Este discurso ha tenido, su caja de resonancia en la ya mencionada ALBA (Alianza Bolivariana para los Pueblos de América Latina), esta instancia afirma profesar una doctrina política propuesta por el primer mandatario venezolano, el Socialismo del Siglo XXI. El Socialismo del Siglo XXI, parece ser una creación producto de la imaginación del presidente Venezolano, mas no es así. Su contenido no es claro y poco se ha escrito al respecto; sin embargo, algunas publicaciones ya circulan, siendo el principal autor conocido Heinz Dieterich Steffan (2007), quien afirma haber comenzado a trabajar el concepto en 1996.

El Nuevo proyecto Histórico (NPH) de las mayorías, comprendido como la Democracia Participativa o el Socialismo del siglo XXI, nace dentro del turbulento contexto de la primera recesión económica global desde 1945; de la guerra en Afganistán y del surgimiento del Tercer Orden Mundial (TOM) (p. 4.).

Istvan Meszaros (2009) atribuye al Socialismo del Siglo XXI "el desafío y la carga del tiempo histórico", en su obra del mismo nombre; sin embargo, es Hugo Rafael Chávez Frías, quien populariza la franquicia a partir del 30 de enero de 2005, durante la celebración del V Foro Social Mundial, realizado en Porto Alegre (Brasil).

Esta propuesta político-ideológica, ha llegado en forma de ALBA, a ocho países de la región, siendo los primeros, Venezuela y Cuba (14 de Diciembre de 2004), Bolivia (29 de Abril de 2006), Nicaragua (23 de Febrero de 2007), Dominica (20 de Enero de 2008) y Ecuador, Antigua y Barbuda y San Vicente y las Granadinas (24 de Junio de 2009). La investigación que se desarrolla a continuación, tiene por objeto, el estudio de la capacidad de esta propuesta para penetrar en estos y en otros países de la región y consolidarse como un modelo político ideológico aplicable y sustentable.

Si bien hoy, a principios del año 2016, los recientes eventos electorales en Argentina, Bolivia y en la propia Venezuela parecen indicar que el "socialismo del siglo XXI" está en declive, un análisis más pausado indicaría que mientras exista será peligroso y que no se debe subestimar en modo alguno la posibilidad de que este modelo vuelva a propagarse virulentamente especialmente en latino america. Para fines del contenido de este libro, el espacio temporal en el que se realizó la investigación comprende desde 2000 hasta 2012, dado que en este periodo histórico se realizan los cambios que ha experimentado la política exterior venezolana. Por otra parte, en este periodo además de cambiar la política exterior que tradicionalmente se había ejecutado, también se evidencian cambios o sub-períodos pese a encontrarse la misma persona en el ejercicio del poder. Además observaremos cómo el nuevo proyecto de modelo político venezolano comienza a emplear la política exterior como instrumento de expansión en la región.

Básicamente me propongo explicarle al lector el Socialismo del Siglo XXI como propuesta ideológico-programática de acción del Estado venezolano en su política exterior, o mejor dicho ¿Cómo se exportó la Revolución? durante el periodo 2000-2012 y, mediante este análisis delinear algunos elementos ideológicos del modelo y las vulnerabilidades más notorias de los países en los cuales ha penetrado.

Para iniciar este peregrinar comenzaré por hacer una breve caracterización de la política exterior venezolana previa al advenimiento de Chávez al poder; una vez realizado este viaje, trataré de proyectar en el lector algunas características ideológicas de la Doctrina socialista prestando especial atención a quien según mi criterio fue quien diseñó la "hoja de ruta" de la Revolución Chavista, y que pese a su rol ha sido enviado al baúl del olvido, me refiero al argentino Norberto Ceresole (que Dios lo tenga donde le corresponda). Ya con estos elementos completamente identificados veremos en qué se parece y en qué se diferencia la política exterior venezolana de antes, a la implementada durante el gobierno de Hugo Chávez. Finalmente repasaré las ejecutorias mediante las cuales este modelo político fue exportado y las características de los países en los cuales ha penetrado.

DESARROLLO HISTÓRICO DE LA POLÍTICA EXTERIOR VENEZOLANA DURANTE EL PERÍODO 1958-1998

Tras la caída del General Marcos Pérez Jiménez, los gobiernos que le sucedieron al frente de Venezuela, definieron una política exterior que a su vez buscada definir al país en el contexto de las naciones. Si bien la política exterior del primer presidente posterior a Pèrez Jimenez (Romulo Betancourt) buscó diferenciarse de las características del su predecesor, de igual forma, es habitual hacer diferenciaciones entre los períodos de gobierno de la hoy denominada era democrática, que se inició precisamente en 1958 y concluye en 1998 y, el gobierno que se inicia inmediatamente después y que permanece en el poder para la fecha de realización de este Trabajo.

Para efectos de este capítulo, nos pasearemos por la política exterior del período comprendido entre 1958 y 1998, empleando ese año de 1998, como referencia no para afirmar que "culminó el periodo democrático", sino para diferenciar el período histórico a estudiar en este capítulo, al del fenómeno ideológico que se presentará a partir de ese mismo año.

Es habitual señalar los puntos de quiebre y continuidad de un periodo presidencial a otro, en diferentes ámbitos del estudio de la política exterior venezolana. Sin embargo, para esta investigación y con la finalidad de transversalizar estos aspectos, para hacer más homogéneo el periodo histórico comprendido entre los años de 1958 y 1998, el tema será abordado desde la perspectiva de los fines, objetivos y prioridades de la política exterior venezolana. No obstante, no se puede desestimar que estos fines, se encontraban acompañados por el entorno mundial y regional, lo que a su vez determinaron el ámbito de relaciones de nuestro país, así como el uso del petróleo como instrumento de política exterior.

Esta metodología es empleada por la Profesora María Teresa Romero en su obra *Política Exterior Venezolana, El Proyecto Democrático 1959-1999* (2009), sin embargo, dicha profesora, hace énfasis en la diferenciación en estos ámbitos entre los ocho periodos constitucionales de esa época. Este capítulo se enfocará en resaltar de una u otra forma, cuál fue la tradición diplomática venezolana y en que se fundamentó la elaboración de su política exterior en el período 1958-1998, más allá de quien ocupe la presidencia.

En efecto, la política exterior venezolana creó una tradición reflejada en una cancillería que progresivamente durante el período estudiado, fue cada vez más institucionalizada y profesional, las líneas que asumió esa cancillería, sufrieron modificaciones en 40 años de historia, producto de las circunstancias tanto internas como del entorno regional y global. Sin embargo, es pertinente recordar que la política exterior de un país debe ser tan flexible como el interés nacional lo requiera sabiendo que, este último se circunscribe al marco de la política internacional, reforzando una posición tradicional o por el contrario, desechándola, pero manteniendo su continuidad como política de Estado. Con estas premisas como referencia, se comienza por analizar la agenda de la política exterior venezolana en el lapso comprendido entre los años de 1958 y 1998.

El inicio de la democracia en Venezuela se vio signado por una fuerte inestabilidad interna, el régimen de Marcos Pérez Jiménez había reprimido fuertemente a los grupos de izquierda y Acción Democrática (AD) se presentó como una opción de "centro izquierda moderada"; esto no agradó a sus antiguos aliados del Partido Comunista, quienes habían combatido a Pérez Jiménez tanto como Acción

Democrática y que ahora, ya con estos en el poder, se vieron excluidos de lo que se denominó "El Pacto de Puntofijo" (un acuerdo de gobernabilidad suscrito entre los líderes de los tres principales partidos políticos que asumen el liderazgo político de la República en 1958). Pese a que el partido comunista, había sido convocado a suscribir acuerdos sectoriales que daban sustento al citado acuerdo, no fueron incluidos en el acuerdo de gobernabilidad como tal. Juan Carlos Rey (1991), es quien define este acuerdo de gobernabilidad como *Pacto Populista de Conciliación de Élites Políticas* y hace duras críticas a este pacto. No obstante, la incipiente democracia tenía sobradas razones paro no incluir al Partido Comunista en el acuerdo central de gobernabilidad, por cuanto entrar en él significaba enfrentar antagónicamente a tres grupos de poder sensiblemente anticomunistas a nivel interno: La Iglesia, Las FF.AA.NN. y los empresarios, mientras que hacia afuera era desafiar a los Estados Unidos con sus doctrinas Thruman y Eisenhower. No obstante, el Partido Comunista no fue excluido del todo de los acuerdos sectoriales.

La moderación ideológica presentada por Acción Democrática contrastaba con un entorno político internacional en el cual los conceptos de derecha e izquierda se encontraban en pleno enfrentamiento post II Guerra Mundial.

Los intentos de golpe de Estado por parte de gobiernos, grupos o movimientos llamados de "derecha", contaron con el apoyo de las dictaduras aún prevalecientes en la región como la de Rafael Leónidas Trujillo en República Dominicana y Anastasio Somoza en Nicaragua, así como la anuencia indirecta de los Estado Unidos; mientras que los intentos de "izquierda" contaron con la ayuda abierta del gobierno cubano de Fidel Castro (Romero, 2009, p.36).

Este hecho, aunado al talante dictatorial y militarista del gobierno recién derrocado de Pérez Jiménez, marcaría en buena medida el eje central de la política exterior venezolana en los primeros años del periodo democrático que se inició en 1958. La principal necesidad era la de presentar la imagen del nuevo gobierno democrático ante el mundo, de una forma coherente y alineada a los principios que habían motivado el derrocamiento de Marcos Pérez Jiménez, sobre todo el desarrollo de una democracia representativa. Por otro lado, era necesario presentarse como un país aliado de los Estados Unidos y presentarse como un productor confiable y seguro de petróleo.

Los postulados fundamentales sobre los cuales operaría la política exterior venezolana a partir de 1958 serían la autodeterminación, la no intervención, la promoción y defensa de la democracia, la resolución pacífica de controversias y la cooperación internacional. Estos postulados, darían pie a las líneas maestras que Rómulo Betancourt implementaría como forma de política exterior, una vez asumida la primera magistratura.

Surge así lo que a posteriori se conocería como la doctrina Betancourt, nombre que recibe la forma de hacer política exterior en Venezuela, haciendo referencia a quien le correspondió implementarla Rómulo Betancourt, primer presidente electo en 1958 para el período 1959-1964. Esta doctrina consistía esencialmente en no mantener relaciones con aquellos países cuyos gobiernos (del signo político que fuesen) no provenían del ejercicio de una elección democrática. Era necesario enviar señales al mundo de la situación que comenzó a atravesar Venezuela como consecuencia de los movimientos guerrilleros de izquierda que intentaban desestabilizar el gobierno de Betancourt, unidos en algunos casos a oficiales de la Fuerza Armada, específicamente en el caso de dos intentonas de golpe de Estado conocidas como El Porteñazo y El Carupanazo, entre otras tantas acciones de carácter subversivo que encabezaron esto grupos durante este periodo.

Por otro lado, el espíritu democrático del nuevo gobierno, debía quedar reflejado ante el mundo, de allí que la Política Exterior venezolana además condenaba los gobiernos militares que existían para aquel entonces, siendo particularmente condenado por la administración Betancourt, el de Rafael Leónidas Trujillo en República Dominicana; el cual incluso fue acusado de atentar contra la vida del presidente Betancourt. El mensaje tras esta política específica dentro de la política exterior es demarcarse de la anterior "Internacional de las Espadas", crear una zona de seguridad contra los gobiernos de facto y enviarle un mensaje a los Estados Unidos de que Venezuela podía tener un gobierno socialdemócrata alineado con él.

De modo que encontramos dos pilares fundamentales de la Política Exterior venezolana en los inicios de la época democrática, 1. el rechazo a los movimientos subversivos de izquierda, 2. el rechazo a las dictaduras militares de cualquier signo. Esto lleva al gobierno al gobierno de Betancourt a cortar relaciones diplomáticas con todos los gobiernos que se encuentran bajo alguno de estos dos signos.

Esta línea de política exterior, asumía una posición bastante dura, que perseguía principalmente dos objetivos: por un lado, recibir el apoyo del Sistema Internacional y en particular del Sistema Interamericano (OEA) ante la constante amenaza de desestabilización de los movimientos subversivos contra el gobierno de Betancourt, y por otro lado, forzar a otras naciones a desconocer los gobiernos de corte militar o que fuesen resultado de movimientos revolucionarios como por ejemplo el de Cuba.

La doctrina Betancourt rindió sus frutos principalmente en el primer objetivo de recibir el apoyo del sistema internacional y en particular del sistema interamericano (OEA), ante la constante amenaza de desestabilización de los movimientos subversivos contra el gobierno de Betancourt. Esto quedó evidenciado cuando durante la Octava Reunión de Consulta de Ministros de Relaciones Exteriores de la OEA, celebrada en Punta del Este, Uruguay entre el 22 y el 31 de Enero de 1962. La reunión fue solicitada por Colombia, para considerar las amenazas a la paz y a la independencia política de los Estados americanos, que puedan surgir de la intervención de potencias extra continentales encaminadas a quebrantar la solidaridad americana (Artículos 6 y 11 del TIAR). Venezuela presentó evidencias del apoyo del gobierno de Castro a los grupos irregulares venezolanos; esta acción acarreó la decisión de la OEA de "suspender al gobierno cubano de sus funciones de representación ante la OEA en el año 1962", con una votación de catorce (14) votos a favor, uno (01) en contra (Cuba) y seis (06) abstenciones (Argentina, Bolivia, Brasil, Chile, Ecuador y México).

La doctrina Betancourt, cumplió con su principal prioridad, que era la de darle una imagen de fuerte defensor de la democracia, a un gobierno que nacía bajo la legitimidad de una elección popular, tras el derrocamiento de una dictadura militar.

Esa línea se mantuvo durante la administración del también Socialdemócrata Raúl Leoni, sin embargo las prioridades de esta administración son más orientadas a los fines económicos y de desarrollo y consolidación del proyecto. El tema de la democracia representativa y su sostenimiento como prioridad de seguridad y defensa, entra en una segunda fase, una vez consolidado el posicionamiento internacional, se comenzó la pacificación a lo interno y estabilización del sistema político, y esto viene dado también por la movilización del tema internacional global hacia la distención, posterior a la Crisis de los Misiles Cubanos (1962).

Si bien es cierto que el presidente Leoni mantuvo en énfasis en el objetivo de la defensa y promoción de la democracia subrayado por su antecesor, compañero de partido, y entrañable amigo, Rómulo Betancourt, poco a poco lo va dejando de lado y le da mayor importancia al propósito de "cooperar con las demás naciones y de modo especial con las repúblicas hermanas del continente, en los fines de la comunidad internacional". De allí que Leoni diera inicio a una política exterior más amplia y flexible menos defensiva y conflictiva y de un tinte más economicista (Romero, 2009, p. 51).

La principal aspiración de Leoni era la de construir un gobierno que intentó denominar de amplia base, con esto procuraba incluir la mayor cantidad de sectores de la vida nacional en el gobierno, y con esta misma premisa, la defensa del régimen democrático se especifica que "la política internacional del país, debe ser un instrumento al servicio del desarrollo nacional" (Instituto de Estudios Políticos, 1964, p. 512).

Esta orientación, quedaría claramente plasmada en el primer mensaje al congreso del Presidente Leoni:

Venezuela ha mantenido relaciones cordiales con todas las naciones del continente. Es necesario sin embargo observar nuestra adhesión consecuente y sincera a la norma según la cual el ejercicio de la democracia representativa es de obligatoria observancia para los miembros de la comunidad hemisférica. En acatamiento a semejante principio, mi gobierno se ha considerado en el deber de suspender relaciones con gobiernos surgidos de golpes de fuerza ocurridos en algunos de los pueblos hermanos, sin que en la práctica esta actitud haya afectado nuestros sentimientos de confraternidad hacia dichos pueblos (Leoni, 1964, p. 8).

Leoni, busca acercarse a las otras naciones de América, con una política más flexible que la de su predecesor, sin embargo, el eje central de su política exterior no varía sustancialmente. Así, la llamada doctrina Betancourt" mantuvo vigencia durante el periodo de Raúl Leoni. El verdadero problema del gobierno de Leoni, más que enfrentar la amenaza de los grupos subversivos, era consolidar el sistema de gobierno democrático venezolano ante el mundo. Enfrentar a los subversivos era parte de esa estrategia, mas no era el eje central. Consolidar la imagen de Venezuela ante las naciones del mundo como un país estable y proveedor confiable de crudo era lo importante; especialmente ante los Estados Unidos, quienes requerían para aquel entonces del crudo venezolano, tanto como Venezuela requería de un comprador seguro como la nación ya citada. Entonces tenemos que más que el combate a grupos subversivos de izquierda, se trataba de ahuyentar la amenaza del comunismo en un entorno global signado por el enfrentamiento entre el comunismo soviético y el modelo de democracia norteamericana.

En este periodo se definen las características de Venezuela ante el mundo y esta definición será asumida durante el resto del periodo democrático (excepto durante el periodo comprendido entre 1974 y 1979). En el Libro Amarillo del Ministerio de Relaciones Exteriores del año 1965 aparecen resumidos estos lineamientos "Venezuela es un país americano, en desarrollo, no es una gran potencia y por su historia y tradición es un país occidental" (p. 18). Esta definición orienta nuestra política exterior hacia el fortalecimiento de las relaciones con los países de la región. Es también una señal manifiesta de construcción de identidad, vinculada a un interés como era afianzarse en el bloque occidental, tal como explicamos en el párrafo anterior.

Pese a la creación de una identidad clara, y a haber construido durante 10 años una línea de política exterior, que si bien era muy dura, también había logrado sus principales objetivos, para el año de 1969

Venezuela enfrenta el primer traspaso de gobierno de un partido a otro. El Social Cristiano Rafael Caldera, gana los comicios de 1968, para ejercer el poder de 1969 a 1974.

Pese a no abandonar los principales postulados que la política exterior venezolana había implementado, Caldera asume postulados de teorías muy populares en aquellos años. Se hablaba de la creación de un nuevo orden económico mundial el cual debería ser más equitativo e inclusivo para todas las naciones del orbe. El sistema se había modificado, adquiriendo forma multipolar mixta (1956-1962) la guerra de Corea, Vietnam y la Crisis de los Cohetes produce una modificación del sistema internacional, pues los Estados polares pierden la capacidad de influir en la conducta de los no polares y viceversa, se da una atomización de los bloques, se crean organismos supranacionales regionales de cooperación, resurgen ideologías nacionalistas, nace la idea de tercer mundo y el neocolonialismo con los préstamos para el subdesarrollo. Se mantiene el mecanismo de bloques que actúan esporádicamente bajo condiciones especiales de diversas índoles, este esquema bajo la forma de Guerra Fría se mantiene hasta la década de los 80.

Caldera junto a los postulados desarrollados durante los últimos diez años de historia (1958-1968) propone tres nuevas premisas: el pluralismo ideológico, el de la solidaridad pluralista y el de la justicia social internacional.

"La búsqueda de un consenso autonomista con todos los países de América Latina, independientemente de su régimen o ideología" (Calvani, 1979, p. 46). Con esta nueva idea queda desechada la doctrina Betancourt; esto llevó al restablecimiento de relaciones con Argentina, Panamá, Haití, Ecuador y Honduras. Además se inició un proceso de acercamiento con el Caribe anglófono y se restablecieron relaciones con el hasta entonces enemigo, Cuba. Este relajamiento en la aplicación de la fórmula de política exterior, como la venía aplicando Rómulo Betancourt; obedeció en buena medida a la distensión en las relaciones entre la URSS y los Estados Unidos, y al acercamiento iniciado por esta última nación con las naciones disidentes del bloque soviético como China y Yugoslavia.

Si el período Caldera imprimió dinamismo a la política exterior venezolana, su sucesor el Social Demócrata Carlos Andrés Pérez, imprimiría una velocidad vertiginosa en lo concerniente a la agenda exterior del gobierno venezolano.

Para el presidente Pérez, la política exterior sería el eje central de su mandato, esto trajo severas distorsiones a la tradición que desde 1958 se había implementado en la cancillería venezolana, la cual, tras haber definido a Venezuela como un país en desarrollo y no una potencia durante el periodo Leoni, ahora pretendía constituirse en potencia regional, sustentada en la imagen del primer mandatario nacional.

La importancia que se le dio a la actuación internacional venezolana, no se tradujo en un fortalecimiento del papel del Ministerio de Relaciones Exteriores, ni tampoco en un diseño gubernamental más sólido y coherente. Por el contrario, durante dicho periodo se fortaleció el papel presidencial en la dimensión exterior y la formulación de política se hizo más simple y esquemática, por lo general guiada por una visualización tercermundista y simplista, en torno a la cual se redujeron la mayoría de las complejidades de la política exterior (Escuela de Estudios Internacionales, 1980, p. 40).

Si bien se mantiene la necesidad de su predecesor Rafael Caldera, de la conformación de un nuevo orden económico mundial, Carlos Andrés Pérez pondrá énfasis en aspectos como el repudio a la política de bloques, énfasis en una diplomacia multilateral, fortalecimiento del llamado Tercer Mundo y aproximación al mismo a través del petróleo y de la OPEP, en lo que debe ser una inquebrantable alianza.

La dinámica de la política exterior de Carlos Andrés Pérez, le permitió avanzar en áreas que prácticamente no habían sido atendidas hasta ese periodo, durante este período Venezuela pretende convertirse en la nación líder del Tercer Mundo y hace uso excesivo del petróleo para lograr este objetivo. Esto generó en Venezuela una bonanza tan abrumadora que durante ese periodo se acuñó la frase de la Venezuela Saudita. El presupuesto de la nación saltó abruptamente en 1974 de 9.000 millones de bolívares a ser reformulado en 40.000 millones de bolívares, aupado por el incremento de los precios del petróleo, que a su vez fue generado por la Crisis de Medio Oriente. Hechos como la Guerra de los Seis Días y la Guerra del Yom Kipur, así como el embargo de los países árabes a Occidente —en alusión principalmente a los Estados Unidos— por su alianza con el Estado de Israel, presionaron el alza de los precios de crudo y ese caudal de dinero inesperado creo en Venezuela una elevada dependencia de la renta petrolera, conocida como la enfermedad holandesa.

A pesar del importante incremento en los ingresos petroleros, la deuda externa aumentó de 1.200 millones, en 1973 y a 11.000 millones de dólares en 1978, mientras que los gastos de la administración pública lo hicieron en 540 %. ("De la Venezuela Saudita", *Agencia Venezolana de Noticias*, 2010)

Estas deformaciones llevaron al presidente electo para el periodo 1979-1983 el social cristiano Luis Herrera Campins a pronunciar una célebre frase durante su discurso de recepción del mandato en febrero de 1974 "Recibo un país hóipotecado" (Discurso de Aceptación del Cargo de Presidente de la República del Dr. Luis Herrera Campins, 12 de Marzo de 1979).

La política exterior de Herrera Campins tuvo un carácter más auto limitado y restringido, que renuncia al ámbito del liderazgo del Tercer

Mundo para concentrarse en Centroamérica y el Caribe. Su arribo al poder en 1979, coincide con el fin de la administración Carter en los Estados Unidos y con el inicio de la administración del ultra conservador Ronald Reagan. Esta situación marcó un recrudecimiento de las tensiones entre este y oeste y un reavivamiento de la Guerra Fría.

> Los principios que rigieron la actuación internacional de la administración Herrera fueron básicamente cuatro: 1) La unidad y la solidaridad latinoamericana. 2) El principio de la institucionalización de la libertad y la democracia en el continente. 3) El bien Común universal y 4) La justicia social internacional (Leu, 1983, p. 99).

Eso indicaba un regreso a los principios social cristianos que se habían enunciado en el periodo de su compañero de partido, Rafael Caldera. La política exterior Venezolana durante el gobierno de Herrera Campins, volvió a sus postulados originales, la presencia de Venezuela se haría notar en foros de integración como la ONU y la OEA, pero a través de la Cancillería como institución y sus representantes, y no a través de la figura del Presidente de la Republica como lo había pretendido Carlos Andrés Pérez.

Pese a ser considerado un país aliado de los Estados Unidos, Venezuela fustigó constantemente la actuación de los países desarrollados, especialmente en los casos de relieve internacional de ese periodo como Afganistán (1980), la situación entre Honduras y Nicaragua (1983), la Guerra de las Malvinas (1982), Namibia y Grenada (1983) (Romero, 2009, p. 100). De hecho, una de las participaciones más relevantes de la política exterior Venezolana durante el periodo Herrera Campins, fue la posición asumida por Venezuela durante el conflicto Malvinas. La política exterior desarrollada por Herrera Campins, no renunció a ejercer un papel protagónico, de hecho fue denominada política de proyección. Herrera, además, dio un carácter de tipo ideológico a su política exterior; evidenciado en su actuación en Centroamérica y en el uso del Pacto Andino, como bloque para actuar en conjunto (siempre bajo el liderazgo de Venezuela) en los foros como la ONU y la OEA. La alianza con los Estados Unidos, fue un hecho de importancia para Venezuela, ésta se sumó a la lucha contra la expansión del Comunismo, sin embargo esa alianza se deterioró.

El rechazo a la intervención de Estados Unidos en Granada en 1984, y su previo apoyo a Inglaterra en el conflicto Malvinas, evidenció que la Política Exterior Venezolana no ha obedecido a los lineamientos de la Política Exterior norteamericana, por el contrario, desde el inicio del periodo democrático hasta la administración Herrera Campins, hemos notado autonomía en cuanto a la toma de decisiones en el ámbito de política exterior. Ésta fue cada vez más autónoma, en la medida que logró consolidarse interna y externamente, para lo cual necesitaba del apoyo de los Estados Unidos, al tiempo que su auto percepción de país poderoso —producto de la renta petrolera— distorsionó los principios de la política exterior.

Esta presunción, se va a evidenciar con mayor claridad durante la administración del sucesor de Luís Herrera Campins; el social demócrata Jaime Lusinchi, y éste a su vez dejaría la agenda y la Política Exterior venezolana en manos de sus cancilleres Isidro Morales Paul, Simón Alberto Consalvi y Germán Nava Carrillo. Éstos culminaron la obra emprendida por Rómulo Betancourt, en lo que se refiere a la creación de un cuerpo diplomático profesional que supo asumir las riendas de la política exterior venezolana.

Jaime Lusinchi, por su parte, se enfocó en auto restringir sus funciones y limitarse a lo estrictamente necesario en materia internacional. Tal vez no era lo que el citado presidente hubiese deseado, pero las circunstancias del mercado petrolero mundial, aunadas a la crisis económica interna venezolana, obligaron a Lusinchi a ser sumamente discreto en cuanto a los objetivos a trazarse en materia de política exterior y los medios económicos para alcanzar los mismos. En palabras de Alfredo Toro Hardy en su libro *Bajo el signo de la incertidumbre* (1992)

> (En esta administración) se invirtió la ecuación política prevaleciente durante los periodos previos. Aquellos se caracterizaron por la simplificación de los propósitos y la proliferación de focos de participación. Ésta, en cambio, se caracterizó por una mayor amplitud de propósitos y una reducción de los focos de participación (p. 56).

La administración Lusinchi actuó en política exterior según las condiciones internas del país y según las que el entorno regional le exigían, implementando por fin en Venezuela una política exterior bajo la inspiración del realismo político. Fue también denominada política de bajo perfil.

En este periodo se efectúan ajustes, tanto en el alcance, como en los medios para ejecutar la política exterior venezolana, cada vez se emplea menos el recurso económico petrolero como mecanismo de presión y cada vez más se emplea la diplomacia. Esto quedó evidenciado en la nueva forma de hacer política exterior hacia el Caribe; recién comenzado su período de gobierno, Lusinchi nombra un Embajador para asuntos caribeños, el cual se encargaría de promover actividades de tipo económico, cultural, político y de otra índole. Esto a su vez trajo como consecuencia el desarrollo de una política de esfuerzo y responsabilidad compartida, la cual reemplazaría a las donaciones como modo de obtener sólidas relaciones con otros países de la región.

Esta política de bajo perfil, que lleva a Venezuela a reformular su forma de relacionarse con el resto del mundo, es impulsada en buena medida por la crisis internacional de los precios del petróleo; a pesar de que el ministro de Energía y Minas venezolano Arturo Hernández Grisanti, era a su vez el presidente de la OPEP, Venezuela no pudo hacer nada para evitar que por ejemplo "en el año de 1986, el precio del crudo venezolano bajó de 25,70 dólares a 12,80 dólares" (Sánchez, 2000).

En 1988 vuelve a presentarse un nuevo proceso electoral en Venezuela, el país se encuentra sumido en una profunda crisis económica y se presenta a la elecciones nuevamente el social demócrata Carlos Andrés Pérez, buscando su segundo mandato, ante él la opción más clara es la del social cristiano Eduardo Fernández, quien perdería ante Pérez en los comicios de diciembre de 1988. Pérez presenta un programa de políticas económicas al cual denominó el Gran Viraje y uno de los pilares de ese gran viraje era la política exterior venezolana, la cual retornaría a un modo más agresivo a fin de respaldar las decisiones económicas, para de esta forma insertar a Venezuela en nuevos mercados, y palear la caída de los precios del petróleo. Los objetivos fundamentales de la política exterior de Pérez II serán:

> 1) Lograr un nuevo enfoque de la integración, con el propósito de fortalecer las instituciones de cooperación sub-regionales y reactivar la cooperación sur - sur y consulta norte - sur; 2) desarrollar una activa diplomacia comercial en lo bilateral y multilateral, orientada a incrementar las exportaciones no tradicionales y vincular al país con espacios económicos ampliados mediante acuerdos de libre comercio; 3) reforzar estas iniciativas económicas a través de alianzas estratégicas en diversos ámbitos... 4) reforzamiento de la solidaridad y democratización

internacional, especialmente a través de la defensa activa y la promoción de la democracia representativa en el hemisferio Americano (Serbín, 1992).

Pérez recibe su mandato, casi al mismo tiempo que inicia la Postguerra Fría, marcada por una señal muy clara "el comunismo ha fracasado". Se inicia entonces, un proceso de redefinición del contexto global, en medio de un mundo hegemónico, donde Venezuela debía adaptarse a ese entorno para ser competitivo. Con tales fines había sido diseñado el Gran Viraje. La administración Pérez decidió implementar esta agenda económica por medio del método de shock, es decir, aplicar los correctivos económicos como la reducción de subsidios, reducción del gasto público, incremento del precio de la gasolina, y la implementación de una disciplina fiscal férrea; estas eran entre otras las medidas que modernizarían la economía venezolana.

Sin embargo, este shock no fue acompañado de una campaña que persuadiera a la población de la necesidad de implementar estos cambios. Lastimosamente, el colectivo no estaba preparado para asumir la responsabilidad del país en la construcción de una economía fuerte, diversificada, y una estructura del Estado más autónoma, vigorosa y menos partidista. Fue así como tras los eventos de El Caracazo (1989) y dos golpes de Estado (promovidos por el Tnel. (Ej) Hugo Chávez Frías) la administración Pérez II, se tambalea abruptamente. Estos hechos además llevaron al gobierno de Pérez a un intento de reeditar o desempolvar la ya nombrada doctrina Betancourt, como medio para reforzar el repudio interno a las intentonas golpistas del año 1992.

La inestabilidad fue caldo de cultivo para que factores del propio partido de Pérez, lo atacaran hasta enjuiciarlo por el caso que posteriormente se conocería como la Partida Secreta de cuyo manejo era responsable el Presidente. Carlos Andrés Pérez fue enjuiciado, condenado y destituido por haber entregado la cantidad de 250 millones de Bolívares (17 millones de Dólares de la época) en ayuda internacional a la presidenta Violeta Chamorro en aras de la democratización de Nicaragua.

Sin embargo la política exterior venezolana en el inconcluso periodo de Pérez, desarrolló una muy dinámica agenda internacional, signada por una necesidad de acercamiento con los Estados Unidos para efectos de buscar dinero para inversiones en nuestro país. Pero los eventos señalados en el párrafo anterior (estallido social, golpes de Estado y posterior Juicio y destitución de Carlos Andrés Pérez) frenaron el desarrollo de la política exterior venezolana en este periodo, el cual fue complementado por el Dr. Ramón J. Velásquez; para el momento, las principales preocupaciones eran: la precaria situación política del sistema democrático venezolano, la constante inestabilidad social y la necesidad de atender la profunda crisis estructural de la democracia venezolana.

Este fenómeno de desaceleración de la política exterior venezolana, permanece durante los primeros años del gobierno del social cristiano Rafael Caldera. El periodo Caldera II, significará al mismo tiempo el final del período histórico que se pretende explorar en este capítulo. Caldera llega al poder sobre dos pilares, 1) El prestigio de su trayectoria como político, abogado y jurista, 2) el aprovechamiento de la matriz de opinión generada por la sociedad y los medios de comunicación a favor de los líderes de las dos intentonas golpistas de 1992. Caldera de hecho, no llega al poder con el partido que él mismo había fundado COPEI, llega apoyado por Convergencia, una apresurada recolección de militantes descontentos de AD, COPEI, MAS y otros movimiento minoritarios. A los militantes de este partido (Convergencia) se les denominó el *Chiripero*. Esta realidad política que rompió con treinta y cinco años de tradición bipartidista imperfecta en Venezuela (a manos de uno de sus fundadores), fue descrito de la siguiente manera por el Profesor Manuel Barroso en su obra *Autoestima del Venezolano* (2007) "Hoy hablamos de Convergencia. Convergencia es la yuxtaposición de quienes nunca habían llegado a nada. Son el chiripero y su nombre lo dice todo: porque las chiripas siempre han sido las indeseables" (p. 25).

Caldera retoma las banderas de la política exterior de su primer mandato, planteando que la misma estaría sustentada sobre un contenido ético, jurídico y social.

> Ético, al abocarse a la lucha contra la corrupción, al oponerse a bloqueos o embargos, al enfrentarse a los regímenes no democráticos y al luchar por los derechos políticos, por la paz y la libertad en el ámbito internacional. Jurídico al reafirmar el derecho internacional, como norma de conducta entre los Estados y revalidar los principios de autodeterminación y no intervención de los pueblos. Social, al reconocer el justo valor de los derechos humanos y de la democracia sustentada en un compromiso de solidaridad y justicia social (Caldera, 1994).

Caldera fundamenta su política exterior en la promoción de la democracia, pero la promoción de la democracia sería a través de la lucha contra la corrupción. Recordemos que en este periodo Rafael Caldera destapa una serie de casos de corrupción en el sector bancario que llevaron al país a una crisis financiera; esta bandera le sirvió para proyectarse en el hemisferio y especialmente en los países de la América Latina, los cuales para la fecha (recordemos que este periodo va de 1994 a 1999) se encuentran sumidos en una profunda crisis económica producto entre otras causas de los elevados índices de corrupción en la región.

Durante este periodo en el entorno regional, Estados Unidos emprende la llamada tercera ola democratizadora, impulsada por el presidente norteamericano Bill Clinton quien consideraba que "la mejor estrategia para asegurar nuestra seguridad y para construir una paz mundial duradera es apoyar el avance de la democracia en el mundo entero" (Carother, 1999), en esa misma línea Jeffrey Davidow, ex embajador de los Estados Unidos en Venezuela y ex Secretario Adjunto de Estado para asuntos internacionales afirmó:

> ...son tres los objetivos principales de la política hemisférica de los Estados Unidos: la creación de un área de libre comercio; el fortalecimiento de la democracia y combatir la amenaza del comercio de drogas ilícitas; así como, disminuir el crimen internacional y la introducción ilegal de inmigrantes y terroristas (Public Democracy Query, 1996, p. 17).

Estos enunciados (veremos en lo sucesivo) formaran de una u otra forma, parte de las amenazas que enfrentará el gobierno venezolano que sucederá a Rafael Caldera. Pese a la llamada ola democratizadora la realidad es que los finales del siglo XX dejan a Latinoamérica una larga lista de democracias totalitarias, caracterizadas en su mayoría por una precaria institucionalidad democrática.

De este modo, se puede identificar claramente que el periodo comprendido entre 1958 y 1998, muestra una Venezuela que emerge como país democrático tras una dictadura, obligada a acentuar su carácter democrático y preocupada por instaurar una institución en la cancillería. Esta última característica verá algunas variaciones dependiendo de quién ejerza la presidencia; en particular el primer período de Carlos Andrés Pérez, significó el relegar la institución a un segundo plano a favor de una figura personalista representada en el Presidente de la República, quien fungirá como principal estandarte de la política exterior. Objetivos tan inalcanzables para Venezuela como la construcción de un nuevo orden económico mundial y la

justicia social internacional propuestos por Rafael Caldera, no falta-
rían entre los objetivos de la política exterior venezolana; inalcanza-
ble por encontrarse absolutamente divorciados del interés nacional y
de los medios disponibles para alcanzar dichos objetivos.

En estas circunstancias llega al poder en el año de 1998, Hugo
Rafael Chávez Frías, quien durante el período estudiado en este capítulo, irrumpe en la escena política venezolana como protagonista de
un fallido golpe de Estado y pese a encontrarse en prisión, por haber
sido el ideólogo de un segundo intento de golpe, ambos ejecutados
en el año de 1992 (en febrero y noviembre de ese año respectiva-
mente). Este trabajo analizará en el próximo capítulo los componentes ideológicos de la política exterior venezolana, durante el período
comprendido entre los años de 2000 y 2012, lapso en el cual ejerce la
presidencia el Teniente Coronel Hugo Chávez.

LA IDEOLOGÍA COMO MÉTODO DE DEFINICIÓN POLÍTICA

Este capítulo pretende hacer una aproximación a las características ideológicas que exhibe el proceso político venezolano entre los años 2000 y 2012; estas características ideológicas han marcado la identidad del gobierno la cual ha determinado cambios en la política exterior venezolana en términos de intereses y percepciones, tal y como menciona Alexander Wendt (2005) en su teoría del constructivismo social en las relaciones internacionales.

El advenimiento de un nuevo gobierno genera expectativas de todo tipo en cualquier país del mundo y Venezuela no es la excepción. El militar retirado Hugo Rafael Chávez Frías, es electo Presidente de Venezuela en diciembre de 1998. Hacemos un quiebre en la historia venezolana con la llegada de Hugo Chávez al poder. No por capricho, es él mismo Hugo Chávez quien llega a la presidencia asegurando ser la renovación de la política y profesando ser quien romperá con el pasado corrupto de las cúpulas podridas del bipartidismo (expresiones usadas por Hugo Chávez para definir los gobiernos que le precedieron). Como se evidenció en el capítulo anterior, el bipartidismo político imperfecto (a diferencia de Colombia, donde hubo un bipartidismo perfecto, en el llamado periodo del Frente Nacional, en Venezuela éste es roto en el año de 1993 por el partido Convergencia, el cual desplaza del poder a los partidos de *status quo* (Acción Democrática y COPEI).

Chávez sale del anonimato y se da a conocer ante la opinión pública en 1992, haciéndose responsable de un fallido Golpe de Estado, en febrero de ese año contra el entonces presidente Carlos Andrés Pérez, el cual contó con una réplica del mismo movimiento sedicioso en noviembre de 1992. Los insurgentes son encarcelados pero posteriormente puestos en libertad por el presidente Rafael Caldera en el año de 1994, bajo la figura del sobreseimiento que se refiere, tal y como lo indica el Diccionario de la Real Academia de la Lengua Española en "Cesar en una instrucción sumarial, y por extensión, dejar sin curso ulterior un procedimiento". Los conspiradores salen con todos su derechos políticos restablecidos y desde ese mismo año comienzan a reunir apoyos para entrar en la contienda electoral que tendría lugar en diciembre de 1998. Tras los comicios Hugo Chávez resulta electo con el 56,20 % de los votos válidos, seguido por el candidato Henrique Salas Römer con el 39,97%; en este proceso la abstención rondó por el orden del 36,55% (Consejo Supremo Electoral, s.f.). El primer ofrecimiento del recién electo mandatario era convocar a una Asamblea Nacional Constituyente (ANC), que creara las bases para la construcción de una Nueva República. En tal sentido, el primer año de gobierno transcurre en una dinámica electoral que va desde la convocatoria a la ANC, la aprobación de la nueva Carta Magna mediante un referendo, el cual se llevó a cabo el 15 de diciembre de 1999. La nueva Constitución fue aprobada con amplia mayoría en medio de la conmoción política y el desastre natural y a pesar de su aparente sencillez y claridad, los axiomas plasmados en la nueva constitución, trascienden las simples formalidades jurídicas y le dan una nueva concepción al mundo, sus dinámicas, sus actores y sus procesos.

Promueve la cooperación pacífica entre las naciones, impulsa y consolida la integración latinoamericana de acuerdo con el principio de no intervención y autodeterminación de los pueblos, la garantía universal e indivisible de los derechos humanos, la democratización de la sociedad internacional, el desarme nuclear, el equilibrio ecológico y los bienes jurídicos ambientales como patrimonio común e irrenunciable de la humanidad (Constitución de la República Bolivariana de Venezuela, 1999, p. 1).

Más allá de la retórica discursiva, se presenta un programa de gobierno de cara a los comicios propuestos para el 30 de Julio del año 2000, en los cuales se relegitimarían las autoridades bajo la nueva Constitución. La presentación del documento señala claramente las pretensiones del nuevo gobierno.

Cumpliendo con el compromiso asumido con el pueblo venezolano en las elecciones presidenciales de 1998, en 1999 iniciamos una revolución pacífica y democrática. En menos de un año transformamos el marco constitucional del país y dimos cumplimiento al ofrecimiento de una nueva Constitución la cual es reconocida como una de las más avanzadas del mundo. Como resultado de este proceso, hoy vamos a la relegitimación de todos los poderes, lo cual da paso a una nueva era constitucional. En este documento presentamos al pueblo venezolano una propuesta para continuar la revolución (Líneas Generales del Plan de Desarrollo Económico y Social de la Nación 2001-2007, p.2).

Una revolución pacífica y democrática que, afianzada en el poder, se disponía a poner en práctica las cinco líneas estratégicas de su programa de gobierno: **1.** En lo político nos convoca a construir la democracia bolivariana. **2.** En lo económico nos llama a desarrollar la economía productiva. **3.** En lo social nos invita a alcanzar la justicia. **4.** En lo territorial nos insta a ocupar y consolidar el territorio. **5.**

En lo internacional nos exige fortalecer la soberanía en la integración multipolar (ibídem: pp. 101).

Desde este primer programa de gobierno, se presenta como un imperativo en materia de política exterior superar el modelo de la globalización, lo cual sugiere desde los inicios del gobierno de Hugo Chávez, su poco entusiasmo ante los procesos globalizadores, ya que los mismos, desde su perspectiva son producto de las dinámicas neoliberales. Sin embargo, el recién legitimado gobierno, que ya posee un año en el ejercicio del poder, hace alarde de lo que llama logros muy importantes en la promoción de los intereses nacionales en el exterior.

Estos logros son resumidos en el plan de gobierno en aspectos como la defensa de la soberanía, la promoción de la Integración Latinoamericana y caribeña, la promoción del dialogo sur-sur, una diplomacia petrolera responsable. Este logro fue apalancado con la realización de la Cumbre de Jefes de Estado de la OPEP llevada a cabo en Caracas en el año 2000; posterior a esta cumbre, los precios de petróleo aumentaron considerablemente y el gobierno atribuyó ese aumento a la ejecución de esa cumbre, el desarrollo de las mejores relaciones con los Estados Unidos, país al cual reconoce como "hacia el cual va el grueso de nuestras principales exportaciones y desde el cual viene la principal corriente de inversiones extranjeras" (ibídem: p. 105). Asimismo se exhibe como un logro, la promoción de las mejores relaciones con el mundo islámico, básicamente por ser países de este tipo los principales miembros de la OPEP.

Bajo la premisa de una política exterior de nuevo signo, se describen las aspiraciones del gobierno venezolano en materia de política exterior, siendo el primer punto que aborda el documento, la relación de amistad con el pueblo cubano. Durante esta primera etapa, en octubre de 2000 se suscribieron los primeros acuerdos de cooperación con Cuba, una suerte de anticipo de lo que, años más tarde se revelaría como una relación estratégica privilegiada, con todos los efectos que tendría para la vida cotidiana de los venezolanos (Urrutia, 2005, p. 12).

Se emplea en reiteradas oportunidades y de forma clara la palabra *multipolar*, que vendría después a constituirse en uno de los ejes de construcción discursiva de la política exterior venezolana. La multipolaridad, bajo esta excusa Venezuela dejó de ser un país pro-status quo para convertirse en un país revisionista, distanciándose de sus alianzas y aliados tradicionales y acercándose a nuevos socios ideológicos y comerciales.

Venezuela concibe la multipolaridad como la aparición de bloques de integración regional, los cuales, desde la perspectiva bolivariana permiten desarrollar "un sistema internacional, más democrático, justo, equitativo y pacífico" (ibídem: p. 15). Sin embargo, no se puede afirmar que todo ha cambiado en el gobierno de Hugo Chávez en comparación con las administraciones previas, ni que los cambios ocurrieron de forma drástica, la transición de la política exterior venezolana ha ido ocupando espacios y sentando precedentes a medida que avanza en el tiempo. Cada uno de los planes de gobierno promulgados para los periodos presidenciales para los cuales ha sido electo el presidente Hugo Chávez, presenta elementos que profundizan los cambios en materia de política exterior, en comparación con los contemplados en el plan de gobierno previo, tal vez subestimados o ignorados por la oposición política. De igual forma los acontecimientos de la política interna tendrán una expresión en la política exterior y viceversa, no quedaran aislados los hechos, siempre que puedan ser vinculados a favor del gobierno.

Comienzan a aparecer en el año 2001, ya con mucha claridad, y se irán revelando hasta ya avanzado el año 2005, argumentos en el discurso político venezolano que conformará su identidad tanto en su política interna como en su política exterior. Dichos argumentos son básicamente de carácter ideológico, y es en este plano donde la política exterior venezolana (impulsada en buena medida por su política interna) da un viraje considerable en comparación con lo que había sido la tradición de la política exterior venezolana en el periodo histórico comprendido entre 1958 y 1998. Las acciones de la política exterior venezolana verán un vuelco, sobre todo en el aspecto ideológico, dejando a un lado el pragmatismo utilitario de prosecución de un interés nacional, para reemplazarlo por las convenientes alianzas ideológicas ajenas a la tradición diplomática hasta ese entonces desarrollada. Esta segunda fase, puede ubicar su inicio en el año 2004 cuando son superados los hechos de Abril de 2002 que sacaron de la presidencia a Hugo Chávez por cuarenta y ocho horas, el paro cívico de la estatal Petrolera Petróleos de Venezuela (PDVSA) de 2002-2003 y el referendo revocatorio del año 2004, que surgió de la mediación de la OEA y el Centro Carter como respuesta a la crisis política generada por los eventos previamente citados. Una vez superadas todas estas situaciones El gobierno de Chávez contó con el poder y la legitimidad necesaria para darle carácter ideológico a sus acciones y restarle carácter pragmático a sus intereses, de allí la importancia de estudiar los componentes ideológicos de este proceso político.

COMPONENTES IDEOLÓGICOS DEL PROCESO POLITICO VENEZOLANO A PARTIR DE 1999

Bolivarianismo

La revolución se auto-proclama bolivariana, desde su génesis como conspiración militar; el movimiento sedicioso se llamó Movimiento Bolivariano Revolucionario 200 (MBR-200)[1]. En el mensaje de rendición del 4 de Febrero de 1992, Hugo Chávez dice literalmente "asumo la responsabilidad de este movimiento militar bolivariano". Las proclamas enviadas por Hugo Chávez desde la cárcel de Yare (que nunca llegaron a ser transmitidas por los medios de comunicación) para el fallido golpe de Estado del 27 de Noviembre de 1992, reivindicaban ese movimiento también como Bolivariano y el nombre de Bolívar fue empleado en forma reiterada durante la campaña para la presidencia de la Republica del año de 1998.

Con la aprobación de la nueva Constitución en Diciembre de 1999, el país dejó de llamarse República de Venezuela, para comenzar a llamarse República Bolivariana de Venezuela, este hecho en particular es más que una formalidad; se convertirá en un símbolo,

---

1   El Movimiento Bolivariano Revolucionario 200 MBR-200 fue un movimiento revolucionario fundado por el entonces teniente coronel Hugo Chávez Frías en el año 1982 como evolución del EBR-200 (Ejército Bolivariano Revolucionario). El MBR-200 reclutó oficiales y suboficiales de carrera para realizar el fallido golpe de estado militar del 4 de febrero de 1992 y apoyar posteriormente el segundo golpe contra Carlos Andrés Pérez, el 27 de noviembre del mismo año. Los archivos e historia del MBR-200 fueron guardados por la historiadora Herma Marksman conocida como el Comandante Pedro. El MBR-200, a diferencia del EBR-200 que sólo incorporaba militares, se convierte en una unión cívico-militar, y da origen posteriormente al Movimiento V República en 1998, partido político de Hugo Chávez (Angela Zago, La rebelión de los ángeles, 3era ed. noviembre de 1998).

un recordatorio perenne de que ya nada es igual que antes, ahora todo será realizado y ejecutado bajo el signo y con la doctrina de Bolívar; pero es necesario aclarar, que será el gobierno quien interpretará como prefiera, y enseñará lo que desee y cuando desee sobre Bolívar. Una interpretación de Bolívar o Bolivarianismo distinta a la que proponga el gobierno de Chávez, será desacreditada y arrojada al escarnio público. El proyecto de Colombia la Grande es mencionado una y otra vez por el presidente de Venezuela y la idea de las integraciones suramericana, caribeña y latinoamericana; todo tipo de integración del hemisferio, siempre y cuando esta excluya a los Estados Unidos de Norteamérica. El tema del Congreso Anfictiónico de Panamá, convocado por Simón Bolívar en Ciudad de Panamá en 1826, es retomado por Chávez bajo la propuesta de Confederación de Estados Latinoamericanos y Caribeños (CELAC). Del bolivarianismo y su estudio hay varios elementos circundantes que se resumen en la idolatría por la figura del Libertador, para la comprensión del uso de esta doctrina por parte del discurso chavista se nombran algunos de estos elementos:

- El apego a las normas marciales constructoras de los símbolos de la patria
- La construcción de una visión regional de una América homogénea (especialmente de América del Sur).
- La difusión de la necesidad ineluctable de un "liderazgo personalista".
- La preeminencia de la unidad de pensamiento y acción, como única fuente posible de Fuerza.
- La exaltación de la fuerza política por medio del apoyo vigoroso y leal de la oficialidad militar.
- El excepcionalismo legal y la autoproclamación de poderes absolutos ante la contingencia política. (Rodríguez, 2005).

Son al menos estos seis aspectos, algunos de los elementos que han gravitado en torno a la imagen de Bolívar. El Libertador, ha sido utilizado como asidero de la identidad nacional y fuente de un pasado heroico, por gobiernos de los más diversos símbolos, pero en este caso (en el de la Revolución Bolivariana) el uso de la imagen de Bolívar es el eje central del discurso chavista, a su vez Bolívar es el eje del culto heroico creado por la historiografía patria y nacional. Ese "Culto a Bolivar" fue creado por el General Antonio Guzmán Blanco, capitalizando la conmemoración del centenario del nacimiento de Bolívar (1883) (Carrera Damas, 2011)

Sin embargo, el bolivarianismo sería instituido como política de Estado por el General Eleazar López Contreras, esto una vez desaparecida la figura de Juan Vicente Gómez y como respuesta o alternativa al comunismo que suponía los partidos políticos emergentes en la Venezuela post gomecista. Desde ese entonces ha sido empleado como mecanismo de control ideológico de la sociedad, y es prácticamente la segunda religión de los venezolanos.

Este nuevo bolivarianismo lleva un profundo arraigo militarista, el cual Chávez asocia con gran facilidad. El hecho de que la independencia de Venezuela se gestara por las armas ha permitido crear una historia en la cual las Fuerzas Armadas y los militares son los fundadores de la patria. Chávez maneja la idea de redactar una nueva Constitución bolivariana sobre la cual se refundarán las bases de la República. La Forma como irrumpió en la escena política venezolana (a través de un golpe de Estado militar), le permite asociar su origen como profesional de las Fuerzas Armadas, con el propio origen de la patria y de sus padres fundadores, todos militares según la construcción histórica venezolana. Sólo falta un elemento para atar todo este discurso y ese es el mismo Libertador, como ente que amalgama en torno a sí, todos los componentes anteriormente descritos. Para el historiador Germán Carrera Damas (2011) "la crisis

del socialismo" (no solamente del autocrático), que rompió en la
década de 1990, ha generado un estado de absoluta desorientación
ideológica, particularmente en el llamado Tercer Mundo, en el que
nos estamos sumergiendo cada vez más los venezolanos" (p. 58).
Esta característica será identificada por Norberto Ceresole (1999)
y más adelante en este capítulo se desarrollan sus ideas. Es tal la
desorientación ideológica, por no decir la absoluta orfandad, que
nuestro lenguaje político se ha plagado de expresiones que se creían
superadas autoritarismo, militarismo, oligarquías, continuismo,
para citar algunas. Esa orfandad ideológica nace con la propia independencia en la cual no se tenía claro entre optar por ser República,
o una Monarquía independiente.

Otros episodios de la historia venezolana demuestran claramente
la precariedad ideológica; en 1867, Antonio Leocadio Guzmán dijo
"Si los otros hubieran dicho Federación, nosotros hubiéramos dicho
centralismo"; es decir, sean cuales sean las ejecutorias del líder, el
nombre de la etiqueta no importa, ya que el identificar una ideología
y sus características corresponde exclusivamente a una élite intelectual, que por lo general no tiene la capacidad para afirmar o rechazar
la implementación de esa etiqueta.

El nacimiento de la democracia venezolana (para efectos de nuestra historia contemporánea), también significó la continuación de la
orfandad ideológica. Pese qué para el año 1958 en plena Guerra Fría,
era reciente el triunfo del modelo de democracias liberales promovido desde los Estados Unidos; en Venezuela corría una ola de an-
tiyanquismo. Los partidos políticos que coparon la escena política
venezolana la segunda mitad del siglo XX, no consideraron riesgosa
la inexistencia de ideologías antagónicas entre ellos, así que comunismo, socialismo, socialdemocracia, socialcristianismo, eran conceptos reiterativos, "se estableció de esta manera una situación de no-
table concisión terminológica, si bien de no siempre firme precisión

conceptual, que prevaleció durante la segunda mitad del siglo XX" (Carrera Damas, 2011, p. 143).

En una situación de indefensión ideológica tal, Bolívar no es más que un sofisticado mecanismo de manipulación de la Opinión Pública que ha sido utilizado a placer por dictadores de viejo y de nuevo cuño. Sus pensamientos más sublimes son inspiradores de liberales y marxistas y así nos lo demuestra nuestra historia reciente. Fue Bolívar en boca de Guzmán Blanco el inspirador del liberalismo federal y su obra de gobierno, de igual forma, fue Bolívar el inspirador del liberalismo dictatorial de Gómez, fue Bolívar el sustento doctrinario y la estructura del proyecto personal y la política de Estado de Eleazar López Contreras, el inspirador del nuevo ideal nacional en tiempos de Marcos Pérez Jiménez y es hoy Bolívar el inspirador del socialismo bolivariano. Al igual que Bolívar, sus portavoces o herederos buscan entrar en la historia, ungidos por el derecho que les da el rescatar los sacrosantos principios del padre de la patria.

Es característico de los hombres de historia el percatarse de su rol en algún momento determinado; "pero los autócratas terminan siempre por caer en el desuso de sensatez, si alguna vez la tuvieron" (ibídem: p. 87). De esta manera, su ingreso a la historia se persigue al menos a través de 3 vías: 1) El Albaceas del pasado heroico. 2) El mesías. 3) La acreditación de roles individuales (ibídem: p. 95).

Ya ningún venezolano se atreve a pretender superar a Bolívar, y la opinión pública o al menos quienes la manejan, son incapaces de increpar en modo alguno la imagen de El Libertador, de allí reitero la afirmación de que Bolívar, y por consecuencia, el culto a su imagen, son el mecanismo de dominación de la opinión pública más sofisticado y a la vez más efectivo de la historia republicana venezolana, jugando los más diversos roles, vistiendo las más diversas prendas y profiriendo los más heterogéneos pensamientos e ideologías, desde el más puro liberalismo hasta el más ortodoxo marxismo. El bolivarianismo ha sido además una ideología de reemplazo la cual bien empleada (como ha sido), ha impedido que en Venezuela se instauren ideologías tanto de izquierdas como de derechas.

Este mal de la orfandad ideológica no es exclusivo de Venezuela, lo vivió Brasil con el vanguardismo y la Argentina con el peronismo y en mayor o menor medida, el resto de las sociedades latinoamericanas. En Venezuela ha aparecido una ideología de reemplazo, suerte de confusas alterativas ideológico-políticas validas de procedimientos que combinan el más rancio autoritarismo con la más desenfadada demagogia (ibídem).

Occidentalismo

Se inicia el siglo XXI y al tiempo que Chávez asume el poder en Venezuela, se encuentra en plena vigencia el cuarto debate de las Relaciones Internacionales. Existen ideas que se están gestando más allá de sus fronteras y a pesar de haber sido tildadas como complicadas, constituyen un punto valido para la reflexión. El plan de gobierno del presidente Hugo Chávez para el año 2001-2007, propone como línea de acción en materia internacional fortalecer la soberanía en la integración multipolar, en ese contexto, la propuesta se identifica con esas nuevas ideas que rompen la barrera del cuarto debate de las relaciones internacionales y trasciende a lo que hoy día conocemos como "quinto debate de las Relaciones Internacionales", planteando los debates entre las corrientes propias de la globalización y las reacciones que se denominan de la glocalizacion, cuya aproximación teórica, destaca el multiculturalismo así como también la llamada tesis de la paz democrática.

El multiculturalismo ha suscitado un interés nada despreciable en el mundo contemporáneo. Sin duda, la crisis de la modernidad trajo consigo un movimiento de pensamientos que propugna la pluralidad del discurso, pero por sobre todo la necesidad del respeto y la tolerancia a las diferencias culturales, estos conceptos afloran en el mundo moderno, especialmente en el año 2001 tras el atentado a las torres gemelas en los Estados Unidos. Esas diferencias culturales son parte de los argumentos sobre los cuales se comienza a construir el discurso del gobierno de Hugo Chávez o discurso chavista en materia de política internacional y en particular en cuanto a la política exterior de Venezuela. No abordaré en detalle en el tema del multiculturalismo ya que esto implicaría un extenso estudio, sin embargo, de este concepto se tomará como tema en particular el relacionado con el odio hacia occidente, ya que éste sí es en efecto un eje importante del discurso del presidente de Venezuela, "los Estados Unidos parecen destinados por la providencia para plagar la América de miseria en nombre de la libertad", con el reiterado uso de esta frase expresada en el año 1829 por Simón Bolívar en una carta dirigida al Coronel Patricio Campbell, Hugo Chávez desarrolla uno de sus ejes de política exterior que consiste en acusar a la citada nación de todos o casi todos los males del resto de América. Esta práctica de atacar a los Estados Unidos y atribuirles todos los males de la humanidad es conocida como occidentalismo, o al menos así es denominada por Ian Buruma y Avishai Margalit (2004).

Tal vez parezca erróneo denominar occidentalismo al sentimiento antioccidental, sin embargo no es casualidad, ya que surge en el mismo sentido que en su oportunidad surgiese el concepto de orientalismo, descrito por el profesor Edward Said (1978), como una serie de falsos prejuicios de origen eurocéntrico en contra de la cultura árabe e islámica. De modo que era inevitable involucrar el bolivarianismo anteriormente enunciado como una lanza sobre la cual se colocará el nuevo estandarte ideológico de la política exterior venezolana, el odio hacia los Estados Unidos, y por ende, hacia occidente.

Esta bandera comienza a esgrimirse con fuerza en Quebec en abril de 2001, durante la realización de la Cumbre de las Américas,

Venezuela irrumpe en el escenario internacional al no respaldar el proyecto de integración hemisférica para la creación de un Área de Libre Comercio para las Américas (ALCA) tal como lo planeaba Washington. La intención de Venezuela en ese momento era oponerse a lo que considera "políticas de expansión intervencionista de los EEUU", como una forma de dar "respuestas a las demandas históricas de explotación e intervencionismo en la región Latinoamericana". La contraoferta del ALCA, sería el ALBA "Alternativa Bolivariana para los Pueblos de América", esta propuesta no tendría mayor receptividad en este Foro, más sÍ a posteriori en la Cumbre de las Américas de Mar del Plata en 2007; sin embargo la estudiaremos más adelante. El ALBA es una propuesta de Integración Diferente. Mientras el ALCA responde a los intereses del capital transnacional y persigue le liberalización absoluta del comercio de bienes, servicios e inversiones, el ALBA pone el énfasis en la lucha contra la pobreza y la exclusión social y, por lo tanto, expresa los intereses de los pueblos latinoamericanos (Blanco y Linares, 2008).

> Esta característica del discurso en contra de los Estados Unidos de Norteamérica, se encuentra más asociada al componente anticapitalista, ya que al capitalismo se le atribuye (desde la lógica chavista) la opresión y explotación de los pueblos suramericanos por parte de la potencia, Estados Unidos, en línea con una visión teórica estructuralista propia del análisis centro-periferia, y de la teoría crítica —esta última inscrita en el cuarto debate de las Relaciones Internacionales. Esta afirmación es reforzada constantemente en el ataque al Consenso de Washington, el cual surgió en 1989 a fin de procurar un modelo más estable, abierto y liberalizado para los países de América Latina. Se trata, sobre todo, de encontrar soluciones al problema de la deuda externa que atenaza el desarrollo económico de la zona

latinoamericana y, al mismo tiempo, establecer un ambiente de transparencia y estabilidad económica (Béjar, 2004).

Otro argumento utilizado constantemente por Hugo Chávez para atacar a los Estados Unidos y acusarlos de opresores de los pueblos del sur e Hispanoamérica es la doctrina Monroe. Esta es la enunciada por el quinto presidente de los Estados Unidos James Monroe en 1823 y se refería a que la intervención de cualquier país europeo en el continente americano, sería entendida como una agresión y ameritaría una respuesta militar de los Estados Unidos.

Llega el 11 de Septiembre de 2001 y con él los atentados contra las torres gemelas del Word Trade Center, en la Ciudad de Nueva York. El atentado se lo atribuye un grupo fundamentalista islámico llamado Al Qaeda, liderado por Osama Bin Laden. El gobierno de Venezuela demora en oficializar su pronunciamiento en torno al hecho, y por otro lado la administración del entonces presidente Norteamericano George W. Bush, lanza una ofensiva antiterrorista en la cual define sus enemigos y alianzas en términos de "si no están con nosotros, están en nuestra contra". Esto genera todo un debate en el seno del gobierno venezolano que exacerba los ánimos en contra de los Estados Unidos. Ese mismo 11 de Septiembre de 2001 se firmaría en Lima, Perú la Carta democrática Interamericana.

La guerra contra el terrorismo emprendida por el gobierno de los Estados Unidos contra Afganistán, territorio desde el cual presuntamente funcionaba Al Qaeda, fue duramente criticada por el gobierno venezolano. Sin embargo, el enfrentamiento con los Estados Unidos, se tornaría frontal tras los sucesos del 11 de abril de 2002, fecha en la cual Hugo Chávez es depuesto por 48 horas de la presidencia de Venezuela. El gobierno venezolano acusa a Estados Unidos de colaborar con el golpe de Estado de 2002, al igual que a España, y a partir de ese momento, la retórica antiimperialista del discurso político de

Hugo Chávez, pasaría a constituirse en eje central del mismo. En este sentido encontramos que:

> Chávez nunca perdió de vista su objetivo de desafiar a Estados Unidos", comentó en Washington Stephen Johnson, director del programa para América del independiente Centro de Estudios Estratégicos Internacionales (CSIS). Las relaciones entre ambos países, tradicionalmente estrechas, comenzaron a deteriorarse a raíz del golpe de Estado que derrocó brevemente a Chávez en abril de 2002. La "tibia" reacción de Estados Unidos y su apoyo al efímero Gobierno surgido del golpe, fue interpretada por Venezuela como una prueba de que la Administración de Bush estuvo "detrás" de la intentona, algo que Washington siempre ha negado. Chávez no cesó de denunciar la política "intervencionista" de Estados Unidos en Latinoamérica, animando a la región a unirse a su cruzada contra "el imperio", logrando adhesiones de países como Bolivia, Ecuador y Nicaragua. George W. Bush, que ocupó la presidencia de Estados Unidos entre 2000 y 2008, fue el principal objetivo de sus críticas y lo tildó incluso en varias ocasiones de "genocida y loco" ("Ni en la presidencia de George Bush", *Caracol,* 2013).

Expresiones como la peste del capitalismo, el neoliberalismo yanqui, el imperio norteamericano para referirse a la nación del norte; *mister danger* para referirse al presidente George W. Bush; pitiyanquis y apátridas para referirse a la oposición dentro de Venezuela, son expresiones que se tornarán recurrentes en el discurso chavista desde el año 2001, siendo más recurrentes para 2004, con motivo del Referendo Revocatorio Presidencial.

Pero no es allí donde quedan los desencuentros entre los Estados Unidos y Venezuela, "El presidente Hugo Chávez anuncia expulsión del embajador de Estados Unidos en Venezuela, Patrick Duddy, el 11 de Septiembre de 2008, en apoyo a Bolivia y tras el señalamiento de que el gobierno norteamericano estaría involucrado en planes de magnicidio contra el mandatario. Asimismo, se ordenó al embajador de Venezuela en Washington, Bernardo Álvarez, regresar al país. "A partir de este momento tiene 72 horas el embajador yanqui en Caracas para salir de Venezuela (...) Váyanse al carajo, yanquis de mierda", dijo Chávez al hacer el anuncio" ("Expulsado Embajador de Estado Unidos": El Universal, 12 Septiembre 2008).

Desde entonces un rosario de desavenencias entre ambas naciones ha signado la relación por demás siempre "tibia". En Febrero de 2009 el presidente Hugo Chávez lanzó ataque contra el mandatario de Estados Unidos, Barack Obama, a quien comparó con su antecesor George W. Bush, al rechazar un informe en el que la Casa Blanca cuestionaba el apoyo de Caracas en la lucha contra el narcotráfico. "Vaya a lavarse ese paltó, señor Obama"; en junio de ese mismo año, Chávez denunció un golpe de Estado contra su par hondureño Manuel Zelaya, e instó a su homólogo estadounidense Barack Obama a pronunciarse al respecto porque "el imperio yanqui tiene mucho que ver" con lo que estaba ocurriendo en Honduras. Para el año 2011 el encargado de negocios de Estados Unidos en Venezuela, John Caulfield, a pocos días de terminar sus funciones en el cargo, declaró que durante su gestión no hubo comunicación con la Cancillería venezolana por más de 6 meses. "No es un secreto que no hay embajador ni aquí ni en Washington y no hemos empezado el proceso de voltear la página para seguir adelante" ("Cronología de la Relaciones entre EEUU y Venezuela": El Universal, 19 Diciembre 2011).

Por su parte, Estados Unidos también actuó en contra de Venezuela, por ejemplo, el 9 de septiembre de 2011 el gobierno de Venezuela emitió una nota verbal a Estados Unidos en firme protesta ante la agresión del Departamento del Tesoro norteamericano en contra de funcionarios venezolanos. La queja fue por los señalamientos en contra de Freddy Bernal, el general Cliver Alcalá, Amílcar Figueroa, ex presidente alterno del Parlatino, y el oficial de inteligencia Ramón Madriz. Dichos funcionarios eran señalados por el Departamento del Tesoro norteamericano por presuntamente estar incursos en delitos de narcotráfico o lavado de dinero (Ibídem).

También en 2011 Estados Unidos anuncia sanciones contra PDVSA por mantener relaciones comerciales con Irán. La sanción contempla la exclusión de Petróleos de Venezuela en algún contrato directamente con el gobierno estadounidense, así como la prohibición de acceder a programas de financiamiento ni a tecnologías estadounidenses. Lo único que podía seguir haciendo Venezuela es venderle petróleo en Estados Unidos.

Sin embargo, en este particular la respuesta del canciller Nicolás Maduro fue que la posibilidad de cortar suministro de petróleo a Estados Unidos es para momentos extremos descartando así esta medida como reacción a la sanción de Estados Unidos contra Petróleos de Venezuela por relaciones comerciales con Irán. Finalmente (no porque no hubiesen otros incidentes), en diciembre de 2011, varios congresistas estadounidenses pidieron que se abriese una investigación a la Cónsul general de Venezuela en Miami, Florida, Livia Antonieta Acosta, por su presunto vínculo con un posible ataque cibernético en Estados Unidos, en el que estarían implicados agentes de Irán, Cuba y Venezuela. Esta acción provocó posteriormente el cierre del consulado de Venezuela en la ciudad de Miami, uno de los lugares del planeta donde mayor número de emigrantes venezolanos habita.

Así se van conformando paulatinamente una serie de eventos, que llevan a las relaciones binacionales a extremos nunca antes vistos. Estos eventos, más de retórica discursiva que de acciones concretas, propios de lo que hoy día conocemos como diplomacia de micrófonos, siempre supieron cuidar por parte de Venezuela la relación comercial, a tal extremo que, no obstante, Venezuela sigue teniendo una fuerte dependencia comercial de Estados Unidos, ya que sus exportaciones a ese país, principalmente petroleras, superaron en 2011 los 40 mil millones de dólares ("Ni en la presidencia de George Bush", *Caracol*, 2013), sin embargo, no prestó mayor atención a la relación política y diplomática. Finalmente, pero no menos importante, a pesar de que los impasses se mantienen en el marco de la diplomacia de micrófonos, no es menos cierto que revisten una suerte de escalada cada vez más irracional, que afecta la relación bilateral entre Estados Unidos y Venezuela.

De modo que se añade al bolivarianismo el antiimperialismo como herramienta discursiva. El discurso antiimperialista es el mismo en todos los casos, lo fue para los samurái Japoneses, como para los árabes de la post II Guerra Mundial, como también para los japoneses que pretendían en sus deliberaciones filosóficas superar lo moderno. Esto, lo moderno, en cualquier caso, es un concepto escurridizo. En Kioto en 1942, al igual que en Kabul o en Karachi en 2001, lo moderno hace referencia a occidente. Ahora bien, occidente es un marchamo casi tan elusivo como lo es lo moderno.(Buruma y Margalit, 2004).

En todo caso lo moderno es occidental y occidente es Estados Unidos, más en una época donde cobra fuerza la personificación de este país como la potencia central de la civilización occidental y el ataque a occidente se ejecuta en 2001 contra los íconos del poder occidental (Word Trade Center y Pentágono). Por reduccionista que parezca esta afirmación, la misma corresponde a la teoría del choque de civilizaciones de Samuel Huntington.

Para ejemplificar el odio a occidente y sus contradicciones, es de gran utilidad hacer analogía con el ejemplo de los intelectuales japoneses que previo a los ataques a Pearl Harbor, buscaron justificar su ingreso a la II Guerra Mundial a través del ataque a los Estados Unidos.

La occidentalización, en opinión de uno, era una suerte de enfermedad que había contagiado el espíritu nipón. Lo moderno,
dijo otro era algo europeo. Mucho se habló acerca de la malsa-
na especialización en el campo del saber, que había resquebra-
jado y astillado la integridad de la cultura espiritual de oriente.
La culpa la tenía la ciencia. Y también el capitalismo, y la absor-
ción de tecnología moderna por parte de la sociedad japonesa,
y los conceptos de las libertades individuales y la democracia.
Todo esto es lo que se necesitaba "superar". Un crítico de cine
llamado Tsumura Hideo vilipendió el cine de Hollywood y en-
salzó los documentales de Leni Riefenstahl sobre los grandes
mítines del nazismo, que estaban más en sintonía con sus plan-
teamientos acerca del modo preciso de forjar una comunidad
nacional fuerte. A su juicio la guerra contra occidente era una
guerra contra la "civilización materialista que todo lo envene-
na", construida sobre el poder capitalista y financiero de los ju-
díos (Buruma y Margalit, 2004, p. DDD).

Cualquiera de los elementos destacados en el párrafo anterior se
puede extraer del discurso chavista a partir del año 2001, más adelante se comprueba que no es casualidad encontrar el componente
antisemita (expresado por los filósofos japoneses) en el discurso del
presidente Hugo Chávez. Pero tan reiterativos como han sido los argumentos en contra de occidente en Japón, Oriente Medio y Latinoamérica o en cualquier otra parte del mundo; igual de reiterativas
serán las contradicciones que el discurso y la práctica presentan. Si-
guiendo con este mismo ejemplo, para cuando estos temas se discu-
tían en el Japón (1942), no habían transcurrido más de cuatro déca-
das de la victoria de esta nación asiática sobre Rusia, una victoria que
en 1905 Tolstoi describió como "un logro de la modernidad sobre el
alma asiática de Rusia" (Ibídem).

Estas premisas atan en torno al odio a occidente y específicamente, el odio a Estados Unidos, a extremistas islámicos para quienes éste es la encarnación de satanás, así como a nacionalistas chinos y también a anticapitalistas radicales en el propio occidente, desde los países europeos inmersos en la crisis económica, hasta los países latinoamericanos que no han logrado superar modelos económicos primitivos. No está de más reseñar, que el ataque a lo moderno y la modernidad lleva implícito el retorno a lo primitivo y el primitivismo.

Quienes piensan que el odio a occidente es un atributo exclusivo del Medio Oriente, de los árabes o del Islam; olvidan que este sentimiento tiene sus orígenes en el propio Occidente. Tanto el capitalismo como el marxismo, nacen en Europa antes de ser trasplantados al resto del mundo. De igual forma, los extremistas islámicos tienen sus antecesores y ejemplos en el Robespierre y los revolucionarios franceses del siglo XVIII.

Concentración de Poder

Otro factor a abordar desde el punto de vista ideológico es la gran necesidad de concentrar poder por parte del gobierno venezolano, aproximándose de una u otra forma al concepto de totalitarismo. Para abordar el concepto de totalitarismo, es esclarecedor el trabajo de Graciela Soriano de García Pelayo (2010) en el que define el concepto citado como las expresiones que se presentaron en Europa previas a la II Guerra Mundial como el Nazismo, el Fascismo y el Franquismo (p. 32); a su vez atribuye sus orígenes entre otros a la decadencia y el descredito del parlamentarismo liberal y la crisis de la democracia en beneficio del ejercicio del poder por gobernantes de estilos y maneras inéditas. Además describe a estos gobernantes como personalidades narcisistas y megalómanas con evidente carga psicopática, entre las dieciocho características que atribuye a los regímenes totalitarios destacaremos algunas:

1. Centralismo
2. Estatización y estatismo.
3. Ideologización de la vida pública y sindical.
4. Simbolismo exacerbado mediante el gesto, la imagen, el vestido y la palabra.
5. Creación, engrandecimiento, y hegemonía del partido único…
6. Instrumentalización legitimadora del voto.
7. Establecimiento o creación del hecho diferencial (burgués/proletario; nazi/judío; revolucionario/gusano; rojo/nacional; etc) (p. 32)

El gobierno venezolano de los últimos años ha sido calificado de diversas formas, desde dictadura, pasando por autoritarismo, mezclado con militarista; sin embargo, son varios los elementos identificables en las prácticas de la revolución bolivariana que pueden enmarcarse perfectamente como una democracia totalitaria. Frases como "No importa que andemos desnudos, no importa que no tengamos ni para comer, aquí se trata de salvar a la revolución" (Hugo Chávez, Maracaibo, Estado Zulia, 2003), generaron posteriormente respuestas por parte de la población como "Con hambre y sin empleo, con Chávez me resteo". Con muestras de este tipo, la población venezolana comienza a experimentar un proceso en el cual sus necesidades económicas, sociales, de educación, etc. prácticamente todo es colocado en el plano de lo político. Y así son las democracias totalitarias. Ofrecen un camino, un proceso que finalmente te llevará a la obtención de la libertad como utopía. Las democracias totalitarias en contraposición a las democracias liberales, están basadas en la suposición de una verdad única y exclusiva.

Podría ser llamada mesianismo político, en el sentido de que postula esquemas de realidades perfectas, pre-ordenado y armonioso, hacia los cuales los hombres son llevados irremisiblemente, y a la que están obligados a llevar. Finalmente reconoce un solo plano: El político… Las dos escuelas (la liberal y la totalitaria) afirman el supremo valor de la libertad. Pero mientras una encuentra la esencia de la libertad en la espontaneidad y la ausencia de coerción, la otra cree que solamente se alcanzará, en la prosecución y en el logro de un propósito absolutamente colectivo (Talmon, 1956).

Para el Profesor Juan Eduardo Romedro (2005) "el pensamiento político democrático durante el periodo 1958-1993, hizo uso de un planteamiento que sustentaba el accionar de toda dinámica de participación sobre los partidos políticos" (p. 364), esta realidad es transformada en el discurso político de Hugo Chávez, quien, como candidato, desplaza al partido como vehículo de intermediación entre el candidato y el elector, además deja el partido de ser el instrumento de resolución de problemas, y es el propio líder quien resuelve los problemas de sus electores; al ser el líder la solución de los problemas, se diluyen los partidos como instituciones. Posteriormente veremos cómo son las instituciones del Estado las que se desvanecen por la acción personalista del líder. El ataque a los partidos políticos desde el momento que son señalados como cúpulas podridas, y que desde la perspectiva del discurso de Chávez, habían impedido que la riqueza del país llegara a los ciudadanos, trayendo consigo la existencia de pueblo y oligarcas (más tarde proletarios y burgueses).

Esta diferenciación no es nueva, por el contrario, la idea de segmentar a la sociedad entre víctimas y victimarios toma una especial preponderancia con el surgimiento de la Revolución Francesa y con los intelectuales del siglo XVIII. Partiendo del supuesto de que el pueblo (los pobres, los oprimidos) son la mayoría, y que estos a su vez son incapaces de lograr la realización de sus aspiraciones por la existencia de una cúpula pervertida (los oligarcas y en el caso particular del discurso de Chávez, estás oligarquías son representadas en los partidos políticos tradicionales y sus dirigentes), Chávez apela a la imagen del pueblo entendiendo al pueblo como el *ochlos* la multitud, una masa amorfa ocasional que sin embargo puede enardecerse, y se convierte él en su máximo representante, intérprete e interlocutor. La voluntad del Pueblo es superar el modelo de cúpulas podridas y es Chávez el encomendado para hacerlo, a él corresponde la misión histórica de ejecutar la voluntad general, la voluntad del pueblo.

Desde el punto de vista discursivo, la idea de la realización de la voluntad del pueblo suena tan justa como sublime, especialmente cuando se promueve que la justicia no tiene sentido sino en relación con la utilidad social, y está claro que esta utilidad social, sólo es efectiva si favorece a la mayoría. En este punto nos encontramos en el dilema de favorecer a las mayorías o promover el libre ejercicio de las libertades individuales, similar paradoja significaron la Revolución Francesa en contraposición a la emancipación de las colonias americanas de la corona británica.

Comparada la Revolución Francesa con la Americana, había sido un acontecimiento muy diferente en alcance. Había sido una revolución total en el sentido de que no quedó esfera ni aspecto de la humana existencia que no tocara, mientras la revolución americana había sido un cambio puramente político. Además, mientras la revolución francesa había entronizado la igualdad y llevado a cabo una transformación política basada en la identidad de los derechos del hombre, la revolución americana se había contentado con lograr un equilibrio de los poderes sociales, equilibrio basado en la desigualdad y el compromiso.(Talmon, 1956).

¿Cuál era el motivo por el que una minoría, representativa de intereses inmorales, había dominado a la mayoría?, desde esta perspectiva se construye una imagen de "Chávez protector del pueblo", proviene del pueblo, y se oferta como la única esperanza del pueblo. "Todo lo que va a ocurrir en Venezuela, tiene su hora... ¡Y es que llegó la hora del Pueblo!", fue una de las frases más utilizadas por Hugo Chávez en su campaña de 1998, de hecho era el mensaje del spot de campaña utilizado las dos semanas previas a los comicios de 1998.

El construir un discurso dónde el pueblo es el protagonista, nos lleva a la coyuntura previamente señalada "Si la voluntad general es la voluntad del pueblo… ¿Dónde queda la voluntad de los individuos? Este dilema lo planteó uno de los personajes más contradictorios de la historia, dado a los sueños, enfrentado a todas las convenciones sociales, de conciencia abyecta, admirador de Esparta y Roma por una parte, y en contradicción con todo lo que lo rodeaba por otra. Su obra más conocida no es otra cosa más que la sublimación de los orígenes de la desigualdad. Se trata de Jean Jacques Rousseau. Huérfano de madre, vagabundo, muriéndose de deseos de un hogar y un afecto, frustrado constantemente en sus sueños de intimidad y herido por la dureza del prójimo, real o imaginaria, Rousseau nunca pudo saber lo que quería, si liberar la naturaleza humana o moralizarla domándola, si vivir sólo o compartir la compañía de los hombres. Nunca vio claro si la compañía de la gente hacía al hombre mejor o peor, más feliz o más miserable (Talmon, 1956).

De modo que, pese a que lo más evidente resultaría promover e incentivar el ejercicio de las libertades individuales en función del desarrollo de todos, la opción de Rousseau y posteriormente los revolucionarios franceses es moralizar la conducta humana. Así se promueve la idea de que el individuo sólo puede vivir en paz cuando acepta y se adapta a la voluntad general, de lo contrario, estará condenado a vivir infeliz y amargado; esta infelicidad radica en que la voluntad del individuo es siempre dudosa, y sólo la voluntad general es el único juez, al menos eso pensaba Diderot.

Así, finalmente resuelven que para vivir en paz es necesario amar la voluntad general, y si la voluntad individual te impide amar la voluntad general, entonces se educará, para amar la voluntad general. Cualquier cosa que nosotros pensemos y deseemos será buena, grande y sublime, si guarda relación con el interés general. Esta idea la recoge poco después Rousseau quien sintetiza la fórmula de la libertad en una democracia totalitaria dice:

> Existe algo que es un objetivo de la voluntad general, lo mismo si querido por alguien como si no es querido por nadie. Ahora bien, para que llegue a ser una realidad, tiene que ser querido por el pueblo. Si el pueblo no lo quiere "debe ser educado para quererlo" porque la voluntad general, está latente en la voluntad del pueblo… La voluntad general podría ser conocida solamente en el caso en que la totalidad del pueblo, y no solamente una parte de él o un cuerpo representativo la manifestara." (Talmon, 1956).

Para las democracias totalitarias la libertad no es una condición inherente al individuo, la libertad no es en modo alguno un medio para alcanzar la virtud o un orden moral superior. Para las democracias totalitarias la libertad es un desiderátum es una cosa deseada, que sólo podrá alcanzarse una vez se culmine el proceso.

Finalmente, el problema de la voluntad general que es, a su vez, la voluntad popular, es que quien se abroga ser su jefe máximo o su máximo exponente una vez triunfante en su insurrección contra el orden instituido; se convierte en el legislador del que habla Rousseau, "éste observa claramente todo el panorama sin estar influido por intereses parciales ni pasiones y conforma la "joven nación" con ayuda de leyes derivadas de su conocimiento superior" (Talmon, 1956).

En el caso venezolano, Chávez se erige como el máximo legislador y a la vez tirano, ya que su poder se superpone a la existencia de las leyes si es que éstas no coinciden con su voluntad "aparte del hecho de que el gobierno se entremete directamente en la vida de los súbditos, constituye otro hecho común la ilimitación del poder, porque el gobierno no se somete a las leyes" (Pavón, 1992). Éste, una vez que gana las elecciones de 1998 (y según sugiere el ideólogo del proceso Norberto Ceresole) recibe un mandato del pueblo para renovar (joven nación) todo lo que existía producto de las cúpulas podridas (representantes). Este mandato le obliga a establecer un compromiso directo con sus electores de quien, a su vez, es el único benefactor. Tanto Rousseau como Chávez manejan claramente el concepto de democracia totalitaria y su funcionamiento.

Para que el caudillo, el líder en este caso Chávez, pueda llevar a cabo ese mandato popular, debe disolver o al menos controlar las instituciones que generan intermediación entre el pueblo y él, es un ejemplo del personalismo des-institucionalizador descrito por Graciela Soriano de García Pelayo (2010) "no puede menos que entender que si la acción no va precedida de intensa reflexión, el personalismo necesario para impulsar la institucionalidad queda a sus anchas para imperar y reforzarse a costa de la institucionalidad ausente" (Ibídem: p. 63). De modo que, una profunda reflexión de la situación, aunado a una coyuntura en la cual las instituciones se encontraban muy debilitadas, abrieron la posibilidad al personalismo de Chávez para que este asumiera el control de las instituciones del Estado en toda su extensión, logrando con ese control, la des-institucionalización de las mismas y la re-institucionalización de ellas de acuerdo a su interpretación de la voluntad general.

El poder público nacional va paulatinamente pasando bajo el control del Poder Ejecutivo. Instancias, como la defensoría del pueblo, no han acometido acción alguna en contra del Estado, cuando se supone que su función es defender al pueblo de los excesos que eventualmente pudiese cometer éste contra los ciudadanos. La Asamblea Nacional desde el comienzo del mandato de Hugo Chávez estuvo bajo el control del partido de gobierno y ese control se incrementó cuando en diciembre de 2005, la oposición política se retiró y no presentó candidatos a las elecciones parlamentarias de ese año.

Socialismo

Pese a que es Simón Bolívar el gran inspirador del proyecto político del presidente de Venezuela y Carlos Marx su más feroz detractor, en una maniobra discursiva, poco convencional, la revolución bolivariana será además de bolivariana, socialista, convirtiéndose el propio Carlos Marx y el marxismo en una de las doctrinas que esgrimirá en su accionar político, tanto a lo interno como a lo externo. La utilización del término Socialismo del Siglo XXI viene a ser asumida como bandera del gobierno venezolano el 30 de enero de 2005, cuando es lanzado como modelo por el presidente de Venezuela, durante el V Foro Social Mundial (FSM):

> El FSM es un espacio de debate democrático de ideas, profundamente de reflexión, formulación de propuestas, cambio de experiencias y articulación de movimientos sociales, red, ONG´S y otras organizaciones de la sociedad civil que se oponen al neoliberalismo y al dominio del mundo por el capital y por cualquier forma de imperialismo. Después del primer encuentro mundial, realizado en 2001, se configuró como un proceso mundial permanente de búsqueda y construcción de alternativas políticas neoliberales.

Se le agota el bolivarianismo como eje exclusivo de la revolución, la cual había atravesado duros obstáculos en su primer periodo, comprendido entre el año 2000 y el 2006. Paros convocados por las centrales patronales y sindicales, paralización de la principal industria del país (la petrolera), un referéndum revocatorio de mandato para en el año 2004 y un proceso de elecciones parlamentarias, boicoteado por la oposición política, la cual no asistió a las elecciones parlamentarias del años 2005; todo esto previo a un nuevo proceso electoral para la reelección del Presidente de la República en diciembre del año 2006.

Vale la pena destacar que para enfrentar el proceso revocatorio de mandato, celebrado en 2004, Chávez incrementa ostensiblemente la asesoría cubana mediante la implementación de las denominadas misiones, las cuales consisten en programas de asistencia social. Lo destacable de este punto en particular, no es usar planes de asistencia social como herramienta de campaña electoral, sino la asesoría cubana que dirigió su implementación. Si bien, el carácter colectivista de la izquierda está presente desde la campaña de 1998 por la presidencia de Venezuela en el discurso de Hugo Chávez y que podía suponerse que esa sería la orientación ideológica del entonces candidato Hugo Chávez (1998), salvo la utilización de la figura de Simón Bolívar como eje ideológico central, ni el odio a los Estados Unidos y a occidente, ni la idea de socialismo; ni mucho menos la necesidad de concentrar el poder en una sola instancia, son empleadas por Hugo Chávez para ganar las elecciones de 1998. Previo a ese proceso electoral de 1998 el candidato Hugo Chávez ofrece entrevista a diversos medios internacionales, destacan en particular las entrevistas otorgadas al periodista peruano Jaime Bayly, para el programa *En directo con Jaime Bayly*; en esa entrevista el periodista pregunta directamente si "¿Tú eres un hombre de izquierdas, te declaras socialista, si es que cabe alguna etiqueta?¿cómo te defines tú ideológicamente Hugo?", a lo que Hugo Chávez responde "No, yo no soy socialista, yo creo que ya el mundo de hoy y la América Latina que viene, requiere un salto adelante, vamos más allá del socialismo, incluso más allá del capitalismo salvaje como lo llama el Papa Juan Pablo II" (Rengifo, 2011).

La idea de que en 1998 el país se encontraba en una situación sin salida, signada por el desánimo y la desesperanza, pasan a constituirse en referentes enunciativos de la situación cotidiana del venezolano, y en esta situación, el discurso chavista del poder logra encajar en los códigos de expresión del ciudadano común, más personales y menos formales que los acostumbrados discursos de los líderes políticos.

Esta habilidad discursiva cultivada por Hugo Chávez, le permitió transmitir casi cualquier idea, dándole a esa idea, el significado que él desee darle. Esa caracterización impuesta por el populismo, es desestructurada en la dinámica discursiva de Hugo Chávez, estableciendo un manejo más incluyente de la representación del pueblo. Por ejemplo, el partido político desaparece del discurso oficial (reaparecerá más tarde) y es el pueblo el centro del discurso y hacia quien desde el discurso, debe dirigirse la acción del Estado. Siendo el pueblo el centro de la acción del Estado, queda claro que el gobierno de Hugo Chávez promueve un discurso con una profunda carga colectivista, muy arraigado en los valores de la izquierda. Sin embargo, es necesario hacer énfasis en que el tema del socialismo no aparece como centro del discurso chavista desde 1998, cuando opta por primera vez a la presidencia de Venezuela, esta ideología aparece en el año 2005, en fecha ya señalada y toma fuerza a partir de la victoria electoral de diciembre de 2006.

Cada uno de estos argumentos ideológicos que hemos mencionado, van apareciendo paulatinamente en diferentes etapas del proceso político venezolano que comenzamos a estudiar a partir de 1998. Cada uno va precedido de un evento que lo justifica, o viceversa.

En el caso del Socialismo del Siglo XXI, éste tiene sus orígenes en 1988 en el Foro por la Emancipación e identidad de América Latina, el cual se opuso a los festejos del quinto centenario del descubrimiento de América, evento que catalogó como "la primera globalización neoliberal" (Heinz, 2007). En ese Foro el autor de la idea del

Socialismo del Siglo XXI comienza a darle forma al concepto, según el mismo Heinz Dieterich Steffan, a quien en definitiva se le atribuye el concepto.

Heinz (ibídem) propone en su libro la idea de suplantar el proyecto burgués que ha dominado desde su perspectiva el planeta durante los últimos doscientos años por el modelo de democracia participativa, a esta idea la denomina nuevo proyecto histórico (NPH) y mediante él las mayorías se convertirán en los amos de la sociedad global (p. 121).

Hugo Chávez requiere darle un nuevo impulso a la Revolución Bolivariana, y ya ha consolidado su poder en varios aspectos de la vida venezolana, sin embargo, falta ponerle una etiqueta al producto que se ha venido consolidando en los últimos siete años (desde 1998), la obra política de Chávez necesita un marco y desde el año 2005, pero en particular desde su discurso una vez proclamado presidente electo en diciembre del año 2006 el Socialismo del Siglo XXI o simplemente el socialismo será la bandera del proyecto político del Presidente de la República, no habrá otra tan elevada y reiterada, por cuanto es la nueva utopía en construcción por la cual luchar, a nivel tanto doméstico como internacional.

Pero, ¿qué es el Socialismo del siglo XXI? Y ¿Por qué se convierte en el estandarte de la Revolución? Tras una serie de eventos, que ponen en riesgo la permanencia en el poder de Hugo Chávez, el proceso político venezolano encara un nuevo proceso electoral en el año 2006. Contradictoriamente la oposición política, la cual no había asistido a las elecciones parlamentarias del año 2005, decide asistir a las elecciones presidenciales del año 2006, con las mismas o peores condiciones que las que la llevaron a boicotear el evento electoral de año 2005.

Con una campaña orientada bajo el lema "Todo lo he hecho por amor" (slogan de la campaña a la presidencia de la Republica de Hugo Chávez en el año 2006), Chávez gana las elecciones y ese mismo día comienza a hablar casi a diario del Socialismo del Siglo XXI. Pero hasta ese momento el socialismo sólo había sido nombrado ocasionalmente, al parecer el saberse con al menos seis años más de mandato, le dio la oportunidad a Hugo Chávez de colocarle etiqueta al conjunto de acciones que había desarrollado durante los últimos siete años.

Para Heinz (2007), el Socialismo del Siglo XXI es un proyecto de corte marxista, que por las características que posee el siglo XXI en cuanto a modernidad y avances tecnológicos; en esas condiciones podrá desarrollarse ese proyecto que Marx no pudo ejecutar. Según Heinz (ibídem): "Tres factores han impedido una sociedad más democrática: **1.** Los intereses de explotación de las elites; **2.** La falta de tecnología productiva; **3.** El desconocimiento de las variables que determinan la evolución de la sociedad" (p. 203).

La primera variable coloca a las elites en la condición de Hobbes del *homo homini lupus* (el hombre es el lobo del hombre), a quienes el autor no considera elites, los coloca en la ilusión del buen salvaje de Rousseau. En cuanto a la segunda variable para Heinz (ibídem), ya ha evolucionado lo suficiente la tecnología como para que quienes no forman parte de las elites puedan emanciparse de las mismas, aquí entra en una enorme contradicción, ya que son las elites (o al menos lo que define como elites) quienes desarrollan las avanzadas tecnologías que vienen a emancipar al resto de la sociedad, pero la variable más asombrosa según la cual, las condiciones para que el proyecto marxista sea viable, es que según Heinz (ibídem), la ciencia ha descubierto los factores que determinan la evolución de la sociedad, estando estos íntimamente vinculados al descubrimiento del ADN biológico, de los cromosomas, los genes, y del ADN Histórico y de cómo estos interactúan en el individuo.

Para el Socialismo del Siglo XXI, las sociedades son sistemas dinámicos complejos humanos (SDCH), este sistema contiene todas las partes de un sistema físico o biológico, interactúan entre sí, y con su entorno, así sus límites no se encuentren bien definidos, y como todo sistema, estas interacciones procuran un objetivo. El objetivo fundamental de los sistemas sociales es la producción y distribución de calidad de vida, esta tarea no ha podido cumplirse y es el dilema de la clase gobernante burguesa. De modo que para el autor citado, el avance de la tecnología y en particular el descubrimiento del genoma humano, permitirá descubrir finalmente, como poner en marcha la visión marxista de la sociedad.

El Socialismo del Siglo XXI propuesto por Heinz (ibídem) es una recopilación de hechos evidentes ordenados de forma conveniente para finalmente justificar el proyecto histórico de Carlos Marx, montado en una visión materialista, donde la premisa es dividir la sociedad entre elites y excluidos. Heinz (ibídem), afirma que el concepto más importante de su obra es el proyecto histórico, ese proyecto histórico de Marx que hasta le fecha no se ha podido ejecutar, sería resuelto por los avances alcanzados por los trabajos de Arnon Peters sobre la economía planificada. Peters sostenía que:

> El principio de la crematística que domina a las economías nacionales y que ha llevado a muchas guerras, es impracticable para una economía global y será sustituido por el principio de equivalencia en las interacciones económicas. Con el reemplazo del mercado, del precio y de la ganancia por una economía basada en el trabajo humano y técnicamente en la computación, la sociedad descansará sobre una economía que opera sobre la base de la justicia social que es la precondición para la convivencia pacífica y hermanada (Arno, 1999).

El aspecto político más resaltante del trabajo de Heinz (2007) y el único esgrimido desde el principio de su carrera política por

Hugo Chávez, fue el concepto de democracia participativa, expresado como una forma de gobernar desde las bases, quitando del juego político a actores tradicionales del sistema, tanto nacional como internacional, del mercado y grupos de presión, así como grupos de interés internos, como empresarios y medios de comunicación. Más que esto, el dilema de la democracia participativa radica en el mismo dilema de Montesquieu "¿Cómo puede la división de poderes garantizar la libertad, si todos los poderes se encuentran en manos del mismo grupo social? (p. 136). Resulta comprensible, el anhelo de una sociedad tendiente a reducir y anular las brechas sociales entre los individuos, el problema está en ¿si es el Socialismo del Siglo XXI, la vía para reducir esas brechas?, o ¿si el modelo del gobierno Venezolano no ha entendido verdaderamente la dinámica del socialismo del siglo XXI?

En todo caso y para efectos de este libro, las premisas fundamentales del Socialismo del Siglo XXI son la democracia participativa y la abolición del sistema crematístico del modelo capitalista. Ambas son desde el año 2006 bandera del proyecto político chavista en Venezuela a pesar de no estar clara su efectiva aplicación.

El Socialismo del Siglo XXI, más que un plan o acción de gobierno, se convierte en una herramienta discursiva familiar a los argumentos ideológicos previamente empleados por el proyecto político de Hugo Chávez. La etiqueta con la cual en lo sucesivo se identificaría la revolución bolivariana, la cual además pasará a ser también socialista y por su carácter anti occidental, también será antiimperialista. Es además, la ideología con la cual se identifican los principales socios de la revolución, los hermanos Castro y el gobierno cubano.

Caudillo, Pueblo y Ejército

La carencia de ideologías arraigadas, una sensación de desesperanza generalizada y la falta de un liderazgo político capaz de reorientar la conducción del país, se conjugan en el año de 1998, cuando Hugo Chávez aspira por primera vez a la presidencia de Venezuela. Estas premisas, arraigadas en la cultura política del venezolano, servirían de terreno fértil a las ideas del intelectual argentino Norberto Ceresole, quien orientó desde 1999 en buena medida, tanto el discurso como los lineamientos de la política exterior del gobierno de Hugo Chávez.

Ceresole (1999), considera las circunstancias de la Venezuela de 1998, como únicas en el mundo, y desde su punto de vista, el pueblo venezolano le dio un mandato claro y determinante a una persona (Hugo Chávez). Este mandato, desde su perspectiva posee dos orientaciones claras: por una parte transformar al país, y por otra parte, reubicar a Venezuela de una manera distinta en el contexto internacional.

El mandato de transformación del país que el pueblo dio a Hugo Chávez, según Ceresole (ibídem), emana de la misma fuente que el propio liderazgo de Hugo Chávez, quien de líder de una intentona golpista en 1992, pasa a convertirse en el jefe del país por un proceso electoral, "pocas decisiones han existido como éstas en la historia del mundo" (p. 14). Ceresole (ibídem) identifica en Venezuela la carencia de ideologías parasitarias pre - existentes (liberalismo, marxismo inclusive), eso aunado a la ausencia de instituciones civiles de mediación, más el aglutinamiento de un grupo al cual denomina apóstoles, conformaría posteriormente la semilla para la conformación del partido cívico militar. El caso venezolano se diferencia de cualquier otra experiencia a nivel mundial, ya que el origen del caudillo proviene de un mandato popular y ese mandato exige la concentración absoluta del poder, "el modelo venezolano, no es una construcción teórica, es una emergencia de la realidad" (p. 18).

No será un modelo anti-democrático, será un modelo post-democrático, por sus características inéditas. Son tan inéditas las características venezolanas, que jamás Venezuela se ha independizado, simplemente ha atravesado dos secesiones la primera de la rectoría española, y la segunda de Colombia la Grande. Pero en ningún caso independencia. La falta de independencia venezolana es atenuada ya en el siglo XX con la entrada del país en el mercado petrolero y por tanto, en el sistema capitalista mundial. Esto comienza a darle al país algún tipo de identidad.

Venezuela, más que ningún otro país latinoamericano, necesita liberarse del manto de plomo que representó haber asumido la doble herencia de la revolución inglesa (pertenencia subordinada al mercado mundial capitalista) y de la revolución francesa (cultura política ciudadana).

Este sistema postdemocrático, está a su vez sustentado en formas de poder que en nuestro pasado hispanoamericano, tuvieron indudable legitimidad como el caudillismo, sin embargo en este caso, la figura del caudillo no ha sido impuesta, por el contrario ha sido electa. A este caudillo no le son útiles las formas de democracias formales, liberales, ya que las mismas y sus instituciones (separación de poderes, gobernaciones, alcaldías) significan la dispersión del poder para finalmente obtener su disolución y anulación. La concentración de poder es directamente proporcional al cambio. Así mientras más cambio se requiere más necesidad de concentración existe (ibídem: p. 31).

El ideólogo de la revolución bolivariana, sabe que el proyecto fenece sino posee una proyección internacional, sin embargo estas pretensiones encontraran resistencia a lo interno, por lo tanto, esa resistencia interna debe solventarse con un gobierno popular-militar, por medio de la lealtad de las Fuerzas Armadas. Esa lealtad está garantizada por el origen militar del caudillo, sin embargo la permanencia de esa lealtad depende de alimentar la superioridad moral de lo militar por encima de la corrupta decadencia de la política civil. Cambio interior y conflicto externo, son entonces los dos polos necesarios de una misma acción estratégica (ibídem: p. 52).

Esta característica del proceso venezolano requerirá del presidente Chávez una enérgica reacción que requerirá: 1) De un sistema de inteligencia que amortigüe los conflictos. 2) Pulverizar el antiguo sistema democrático de partidos. 3) El desmantelamiento de la capacidad económica de esos grupos. 4) El desarrollo de una campaña internacional de los valores positivos de la revolución bolivariana (ibídem: p. 33).

Por otro lado, la oportunidad de Venezuela para reinsertarse de una forma diferente en el contexto mundial obedece a un proceso de reacomodo de las fuerzas mundiales a partir del hecho de la ruptura de la bipolaridad (implosión de la Unión Soviética), se conjuga con el declive de la civilización occidental, y en particular con una realidad en la cual los Estados Unidos deben competir con nuevas potencias emergentes.

La ausencia de bipolaridad y de hegemonía (ibídem) (entiende la hegemonía como la máxima aspiración del proceso de globalización), surgen los polarizadores internacionales (centros con gran capacidad de acción económica y/o estratégico/militar). Sólo mediante la conformación de polos de poder se puede llegar a generar un ambiente internacional competitivo, en el cual, los instrumentos de los países ricos (incluidos), no puedan destruir las instituciones de los países pobres (excluidos). Para la lógica de Ceresole (1999), esos instrumentos son la OMC, el FMI, el BID, entre otras, que principalmente buscan destruir las instituciones Financieras del Estado/Nación en los países pobres.

Queda fuera de toda discusión, dentro de este modelo de gobierno mundial, que todo intento de integrar fronteras adentro del Estado/nación, es una actitud penalizada por la lógica del modelo. Uno de los objetivos principales de los actores transnacionales es lograr la privatización y la liberalización de los servicios —en especial de los servicios financieros—, más la eliminación de los principios básicos de la defensa nacional, con el objeto de eliminar cualquier amenaza de planificación económica nacional y de desarrollo independiente. Todas las instituciones integrativas dentro del Estado/nación deben ser destruidas, desprotegidas de los favores del Estado. Desaparece la vieja configuración nacional del Estado. Queda vigente una nueva configuración estatal, la mayoría de las veces fragmentada o desgarrada (ibídem).

Los factores globalizantes están siempre asociados a hechos raciales, así los blancos-occidentales, son los que pretenden el establecimiento del gobierno mundial, son los creadores de la bipolaridad, de la hegemonía, de las instituciones transnacionales y de cualquier otro instrumento de dominación de los países pobres (excluidos). La oportunidad de Venezuela para reposicionarse dentro del sistema internacional es conformar polos de poder, estos polos de poder provienen de polarizadores menores o actores secundarios (las antiguas razas inferiores de la ciencia occidental), que una vez aglutinados, pugnan por establecer reglas en cada uno de los segmentos de poder, básicamente, en los estratégico/militares, en los científico/técnicos y en los económico/financieros. Esa pugna aún no se ha resuelto, por lo que no hay orden global (autoridad ordenante) que impere sobre la totalidad de los segmentos de poder (ibídem).

Ceresole (ibídem) otorga una importancia capital al rol militar dentro de los procesos políticos y particularmente al proceso venezolano. Su influencia en el ámbito militar se aprecia hasta en la Constitución de la República en su artículo 336:

La Seguridad de la Nación se fundamenta en la correspondencia entre el Estado y la Sociedad Civil, para dar cumplimiento a los principios de independencia, democracia, igualdad, paz, libertad, justicia, solidaridad, promoción y conservación ambiental y afirmación de los derechos humanos, así como en la

satisfacción progresiva de las necesidades individuales y co-
lectivas de los venezolanos y venezolanas, sobre las bases del
desarrollo sustentable y productivo de plena cobertura para
la comunidad nacional. El principio de corresponsabilidad se
ejerce sobre los ámbitos económico, social, político, cultural,
geográfico, ambiental y militar (Constitución de la República
Bolivariana de Venezuela, 1999).

De igual modo, el carácter inequívoco de "apolítica, obediente y
no deliberante" de la institución militar contemplado en el artículo 132 de la Constitución de 1961, es reemplazado por un ambiguo
"esencialmente profesional, sin militancia política" en el artículo 328
de la Constitución de 1999. Pequeños gazapos, tal vez, dejados in-
tencionalmente para que la tesis central del autor se consolidara en
el proceso político venezolano caudillo, pueblo, ejército. Guillermo
García Ponce (2000), define la importancia de las Fuerzas Armadas
en los siguientes términos:

> …un componente decisivo en la estrategia de la revolución ve-
> nezolana porque sin las Fuerzas Armadas no podrá llevarse a
> cabo el proceso revolucionario hasta sus últimas consecuen-
> cias. La unidad cívico-militar se expresa en la integración del
> gobierno, en la participación de los militares en los programas
> sociales, y en cierta manera, es personificada por el Presidente
> Hugo Chávez" (p. 112).

Ceresole (1999) supo interpretar una serie de características de la
cultura política venezolana y diseñó una ruta que se ha convertido en
la fórmula de continuidad en el poder del Presidente de Venezuela.
No se trata de un proyecto político, ni de una ideología previamente concebida, se trata de una seria de hechos históricos, realidades

económicas, costumbres políticas, leyendas y mitos nacionales y algo de ideología, acomodados de forma conveniente y ejecutados con precisión y disciplina, lo que le ha permitido al líder revolucionario su larga estadía en la primera magistratura del país.

Teoría Crítica y Constructivismo

La identidad ideológica de la política exterior venezolana está inserta en las premisas propias del cuarto debate de las relaciones internacionales, el constructivismo social de Alexander Wendt (2005), como teoría puente entre las visiones reflectivistas y las racionalistas y la teoría crítica de las relaciones internacionales de Robet Cox (1981). Se amalgaman perfectamente dentro de la retórica de Hugo Chávez y su política exterior.

Ya en el capítulo anterior, pudimos apreciar que la política exterior venezolana desde 1958 hasta 1998 no fue una estructura monolítica, al contrario, tuvo sus fisuras y sus matices; sin embargo, pueden identificarse puntos en común. Visto así, es lícito aseverar que Venezuela fue siempre considerado un país occidental, con un pasado colonial hispánico, situado en América Latina, de fuerte vocación democrática, vastas reservas de crudo y estrechas relaciones, por esto último, con los Estados Unidos (Romero, 2003). Si se realiza un inventario de los objetivos de la política exterior venezolana en ese periodo histórico se puede aseverar decir que consistían en:

1) Asegurar y defender la salud del sistema político; 2) mantener el margen de autonomía en la política internacional; 3) diversificar el comercio internacional del país: 4) preservar la integridad del territorio nacional; 5) participar activamente en las organizaciones internacionales y demás organismos de concertación mundial; y 6) defender y promover precios justos y mercados confiables para el crudo venezolano (ibídem).

Esos objetivos se mantienen durante el primer año de gobierno del período que se inicia en 1999; sin embargo, ese primer año, por sus características son el momento en el cual la revolución bolivariana no mostraría sus verdaderas intenciones, ya que la prioridad del nuevo mandatario era la aprobación de un nuevo texto constitucional y el sostenimiento mismo del régimen. Ya en el año 2000 se va gestando el giro ideológico del gobierno venezolano y por ende, la ruptura con algunos de los objetivos tradicionales que la política exterior venezolana había perseguido.

Paulatinamente y más en profundidad en el próximo capítulo se identifican los hechos que han determinado el curso de la política exterior venezolana, pero para contextualizarlos esta parte del trabajo se limita a evaluar sus bases teóricas. Alexander Wendt (2005) define la anarquía como una situación generada por los mismos Estados en función de las identidades que desean construir y los intereses que se proponen alcanzar. En función de eso, identifica dos variables: la estructura descrita como la anarquía y, la distribución de poder y el proceso, definida como interacción y aprendizaje.

Del desarrollo de estas variables en las cuales Wendt (ibídem) compara la visión de los neorealistas con los neoliberales, emerge la teoría del constructivismo social en relaciones internacionales, como puente entre ambas visiones

Mi objetivo con este artículo es construir un puente entre estas dos tradiciones (y por extensión entre los debates realista-liberal y racionalista-reflectivista) desarrollando un argumento constructivista, extraído de la sociología interactivista estructuracionista y simbólica, en nombre de la reivindicación liberal sobre como las instituciones internacionales pueden transformar las identidades y los intereses Estatales, en contraste con el pensamiento teórico "económico" dominante en la corriente principal de los estudios de la relaciones internacionales (p. 39).

Wendt (ibídem) insiste en el papel de las organizaciones internacionales como ideas producidas por la interacción de los Estados, es decir, los Estados se agrupan en estas instituciones para dar una identidad a sus intereses; particularmente en el caso venezolano, este fenómeno se presenta en dos direcciones. La primera dirección obedece a la imposibilidad de las organizaciones internacionales existentes o tradicionales (OEA, ONU, CAN, etc.), de modificar la identidad del Estado venezolano. La segunda dirección la impone el Estado venezolano. Ante la imposibilidad de que las organizaciones internacionales avalen los nuevos intereses del Estado venezolano que, a su vez, son producto de su nueva identidad, el Estado venezolano promueve nuevas organizaciones internacionales (ALBA, UNASUR, PETROCARIBE, etc.) y estas legitiman los intereses y la identidad del Estado venezolano.

La pertinencia de la teoría del constructivismo social para describir el modelo de política exterior venezolano, radica en que en contraposición a Kenneth Waltz, Wendt (2005) ve la autoayuda como una institución cambiante en función de la identidad que suma el Estado, mientras que Waltz la ve como una institución fija. Es evidente que la identidad y por lo tanto, los intereses de la política exterior venezolana cambian significativamente con la promulgación del Plan de Desarrollo Económico y Social 2001-2007 y su radicalización en el Primer Plan Socialista de la Nación Simón Bolívar 2007-2013. La identidad interna y externa del Estado venezolano cambia radicalmente así como sus estrategias de política exterior.

Previamente en este capítulo, se identificó a Venezuela como un país "americano, en desarrollo, no es una gran potencia y por su historia y tradición es un país occidental" (Libro Amarillo, 1965, p. 18);

pese a los cambios de orientación en otros aspectos como por ejemplo el uso del petróleo, la hiperactividad internacional o la ausencia de ella, las características impresas por cada presidente, la política exterior del gobierno de Hugo Chávez cambiará esas identidades, bien sea obviándolas, negándolas o transformándolas.

Ya para el Plan de Desarrollo Económico y Social de la Nación 2001-2007 la política exterior venezolana busca como objetivo estimular la gestación de un mundo multipolar, diversificando las modalidades de relacionamiento, privilegiando las relaciones con los países latinoamericanos y caribeños y redefiniendo el modelo de seguridad hemisférica (p. 87). La multipolaridad, parte de la necesidad de desarrollar una nueva concepción del mundo, en la cual Venezuela busca relaciones no tradicionales

> La construcción de un mundo multipolar implica la creación de nuevos polos de poder que representen el quiebre de la hegemonía del imperialismo norteamericano, en la búsqueda de la justicia social, la solidaridad y las garantías de paz bajo la profundización del dialogo fraterno entre los pueblos, el respeto de las libertades de pensamiento, religión y la autodeterminación de los pueblos (ibídem: p. 27).

Así, al finalizar el año 2006 el gobierno afirma en el Primer Plan Socialista Simón Bolívar 2007-2013 que "Venezuela recuperó su independencia y soberanía en la formulación de su agenda internacional, las nuevas circunstancias presentes determinan que Venezuela avance hacia una nueva etapa en la geopolítica mundial, fundamentada en una relación estratégica de mayor claridad en la búsqueda de objetivos de mayor liderazgo mundial" (p. 31).

El gobierno venezolano cambió la su identidad pasando de ser un país pro *statu quo* a ser un país revisionista más bien, un país anti sistema. Su cambio de identidad obedece a los nuevos intereses del gobierno venezolano; sin embargo, estos intereses no dejan de estar atados a la necesidad de utilizar el petróleo como herramienta de dominación política, tal como lo hiciese en su oportunidad el social demócrata Carlos Andrés Pérez.

Dice Wendt (2005) "la anarquía es lo que los Estados hacen de ella" (p. 5) y Venezuela se empeñó en favorecer esa premisa, acciones que van desde un discurso, pasando por la expulsión de diplomáticos, cierre de sedes consulares en el exterior, retiro de organismos internacionales y calificar de injerencia casi cualquier intento de que algún funcionario de gobierno extranjero pronunciase el nombre de Venezuela, pasarían a formar parte de las acciones de la política exterior venezolana, la cual experimentará un período de hipersensibilidad, con un exacerbado uso del concepto clásico de soberanía, o mejor, de lo que el gobierno venezolano definió como soberanía en contraposición a cualquier otro país del mundo no considerado aliado por el gobierno revolucionario de Venezuela. Así por ejemplo, la tradicionalmente buena relación diplomática entre Venezuela y los Estados Unidos, soportada sobre la estable relación económica generada por la venta de petróleo a la nación del norte, pasó a ser una relación tormentosa (a pesar de que aún se le vende petróleo a Estados Unidos, y que este es el cliente más confiable para Venezuela). Estados Unidos no ha cambiado su política hacia Venezuela, pero Venezuela cambió su identidad de país occidental y democrático, por la de país revolucionario, socialista y antiimperialista.

Puede generarse discusión sobre si el ser socialista excluye la condición de occidental y democrático, lo que no se puede objetar es que el imperialismo yanqui pasó a ser el enemigo de la política exterior venezolana y el régimen cubano el mejor amigo de Venezuela.

Así, nada haya cambiado en el intercambio comercial entre ambas naciones; el cambio en la identidad de Venezuela, generó un cam-

bio en el cómo percibe Estados Unidos a Venezuela y este cambio
de percepción a su vez generó un cambio de configuración en las
relaciones entre los países del resto de la región. La autoayuda es una
institución, una de las muchas estructuras de identidad e intereses
que pueda existir en condiciones de anarquía. Los procesos de formación de identidades en condiciones de anarquía afectan primero y
principalmente a la preservación de la seguridad del yo. Por lo tanto,
los conceptos de seguridad difieren en función de cómo el yo se iden-
tifique cognitivamente con el otro, y hasta qué punto esta identifica-
ción tenga lugar por lo que proponemos sugerir que el significado de
la anarquía y de la distribución de poder depende de esta variación
cognitiva (ibídem).

Si despojásemos a Venezuela de esa identidad revolucionaria y socialista, Venezuela quedaría nuevamente insertada en la estructura
de organizaciones internacionales existente para la fecha en la cual el
gobierno de Hugo Chávez asumió el poder. Pero la interacción entre
los actores, requiere de una estructura ajustada a las identidades, así
el régimen comunista cubano se encontraba excluido de la OEA, sin
embargo consigue cobijo en el ALBA, foro de integración, -pero que
en realidad es de cooperación asimétrica a favor de Venezuela - diseñado por este país, ajustado a su nueva identidad, identidad que com-
parte con Cuba y con el resto de los países que irán incorporándose.
Una vez conformada la estructura (la cual podemos definir como el
cuerpo o la materia) estas adquieren espíritu, este último lo conforma
la necesidad de sobrevivir.

La identidad revolucionaria y socialista del Estado venezolano,
plantea a la vez la conformación de dilemas de seguridad que varían
dependiendo de las realidades geopolíticas y de los actores con los
cuales se desarrolla la interacción. Volviendo al caso de los Estados
Unidos, existe un dilema de seguridad relacionado con las alianzas
emprendidas por el gobierno de Hugo Chávez (Cuba, Irán, Siria, etc.),

estas alianzas no significan para los Estados Unidos la necesidad de crear un sistema de seguridad competitivo con Venezuela en función del conocimiento intersubjetivo desarrollado en los últimos años, sin embargo para Venezuela y sus aliados, si representa la necesidad de desarrollar un sistema de seguridad cooperativo. Esta construcción dilemática parte también del hecho de que Venezuela ya no percibe a los Estados Unidos como un aliado, sino por el contrario como un depredador y así lo hace ver ante sus potenciales aliados, si estos se identifican como potenciales depredados, se constituyen las alianzas.

No opera la misma lógica en el caso colombiano, ya que por sus realidades geopolíticas son distintas. Desde que el gobierno venezolano manifestó simpatía por los movimientos guerrilleros irregulares que hacen vida en Colombia, la percepción de enemigo que se generó en Colombia, obedecía a la lógica del amigo de mi enemigo es mi enemigo, llevó a un fuerte enfrentamiento entre los Presidentes Álvaro Uribe Vélez y Hugo Chávez y así, el consecuente deterioro de las relaciones entre ambos países, creándose un sistema de seguridad competitivo en el cual Venezuela inició la compra progresiva de armamento, no así Colombia, la cual atraviesa un progresivo incremento de su capacidad militar operativa, como consecuencia del Plan Colombia y Plan Patriota.

Este modelo de interacciones entre actores (Estados) se da en un entorno anárquico, donde "1. La densidad y la regularidad de la interacción deben ser suficientemente altas y 2. Los actores deben estar insatisfechos con las formas anteriormente existentes de identidad e interacción" (ibídem: p. 39). De estas dos acciones se genera el aprendizaje intersubjetivo que los actores desarrollan. El Estado venezolano no estaba satisfecho con su identidad previa (hablamos de Estado porque es este el actor valido en el sistema internacional, sin embargo, la conducta del Estado en este caso depende del gobierno), y por otro lado, sus interacciones con otros actores han sido lo suficientemente reiteradas como para lograr que el resto de los actores cambien su percepción. El cambio de identidad construido desde el discurso es justificado para proteger la institución de la soberanía, la cual a su es vez definida en función de los intereses que el Estado (Venezuela) desea alcanzar.

Así el pretexto de la soberanía (definida en función de intereses) y el entorno anárquico del sistema internacional, es terreno fértil para que el Estado, construya discursos e identidades, que a su vez conforman alianzas y rupturas entre los actores del sistema.

Pero la tesis del constructivismo social de Wendt (ibídem), no es la única dentro de la cual se enmarca el accionar de la política exterior venezolana, *Fuerzas Sociales, Estados y Ordenes Mundiales. Más allá de la teoría de las Relaciones Internacionales* es publicado por Robert Cox en 1981. Este artículo viene a ser una visión crítica de todo lo existente hasta la fecha en materia de teoría de las relaciones internacionales, pero además con una profunda carga de marxismo, ya que Robert Cox forma parte de la llamada segunda generación de la escuela de Frankfurt, con lo que integra la corriente del llamado neomarxismo.

Nuevos grupos empiezan a incidir en las decisiones del Estado, estos grupos están constituidos por las fuerzas de la sociedad civil y cada vez se estrecha más la brecha entre la acción del Estado (como ente autónomo) y la sociedad civil. Cox además sostiene que las relaciones entre Estados han sido marcadas por la existencia de Estados centrales (poderosos) y los Estados de la periferia (débiles), haciendo una analogía de la lucha de clases del marxismo entre burgueses y proletarios, "el mundo es visto desde una perspectiva definida en términos de nación y clase social, de dominación y subordinación, de aumento o declinación de poder, de un sentido de inmovilidad o de crisis presente, de experiencias del pasado y de esperanzas y expectativas en cuanto al futuro" (Cox, 1981)

Para la teoría crítica de las relaciones internacionales, la historia logra condicionar la conciencia de las sociedades, siendo capaces de trascender a sus tiempos y colocarse como marco para ciertas proposiciones generales. En el caso venezolano el uso recurrente del ideal bolivariano y su adaptación a los tiempos modernos es una de las herramientas discursivas empleadas con mayor frecuencia. Sin embargo, la teoría crítica no se mantiene en el pasado, sino que promueve este como referencia de un proceso de cambio constante, los conceptos deben ser ajustados continuamente. Esta perspectiva histórica obedece a las realidades básicas concebidas desde la perspectiva realista del hombre, del Estado y del sistema donde se desarrollan las relaciones de los Estados, todas marcadas en estos tres niveles por la búsqueda de poder. Bajo esta egida, el presente es como el pasado y el futuro será como el presente.

La teoría crítica no da por sentadas, ni las instituciones ni las relaciones de poder, al contrario las pone en cuestionamiento constante y permanente y reevalúa su papel dentro de los procesos de cambio, mientras las teorías tradicionales de las relaciones internacionales, según Cox (ibídem) pretenden justificar y conservar el orden existente, la teoría crítica pretende alcanzar un orden alternativo. Por sus características revisionistas, al igual que los hombres buscan poder, las formas de alcanzar el mismo requieren de cambios en las estructuras del hombre, del Estado y de la relación entre ellos.

Cox (ibídem), compara el Neorrealismo con el Marxismo y en particular con la tesis del Materialismo Histórico, ambas visiones de las relaciones internacionales coinciden en que el motor de la Historia es el conflicto, sin embargo "el neorrealismo ve el conflicto como una consecuencia recurrente de una estructura continua, mientras el materialismo histórico ve al conflicto como una causa posible de cambio social estructural" (p. 93). Otra dimensión en la cual se compara al neorrealismo con el materialismo histórico es en la visión que cada uno tiene sobre el papel del Estado, para los neorrealistas este es un ente autónomo que expresa de alguna forma el interés general, mientras que los marxistas se dividen entre esta visión y la de ver al Estado como la expresión de los intereses de la sociedad civil. En este punto, el proceso político venezolano encabezado por Hugo Chávez dio al Estado la representación del pueblo, pese a proponer el modelo de democracia participativa; en definitiva el Estado pasó a ser el representante de la sociedad civil conformada por movimientos sociales no formales (ajenos a la estructura tradicional), y sin la intermediación de los partidos políticos, pero a la vez y para efectos de política exterior, un ente autónomo que representa el interés general de esos movimientos sociales. El gobierno venezolano creó a lo interno una estructura paralela que en todos los casos, justifica la acción del Estado, de esta manera la sociedad civil no se constituye en un freno de la acción estatal, sino que por el contrario es un impulsor de su acción. Desestimando la acción de la sociedad civil que se opone a la acción del Estado, este se atribuye la representación de toda la sociedad civil y se apalanca en las estructuras paralelas creadas.

Sin embargo, mientras el Neorrealismo ignora el papel de los procesos de producción en las Relaciones Internacionales, dado a que es una teoría que reproduce el Orden de Cosas que favorece a las Grandes Potencias, en este caso a los Estados Unidos, para el Materialismo Histórico la posibilidad de cambiar las relaciones de producción entre Estados poderosos y Periferia, afecta el resto de las expresiones de poder, la propia estructura del Estado y el orden mundial. Para llevar a cabo las transformaciones que la Teoría Crítica precisa para imponer la tesis del Materialismo Histórico desde la perspectiva marxista, se requiere de una particular configuración de fuerzas.

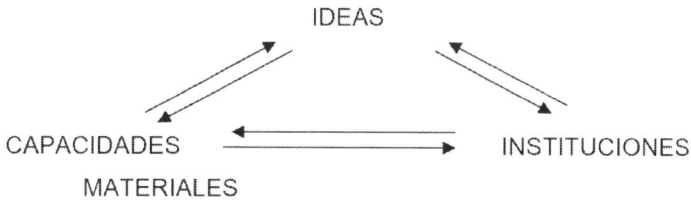

Figura 1. Fuente: Cox , 1981.

Las ideas deben ser impulsadas por una serie de capacidades materiales, traducidas en tecnología, capacidad organizativa, poder militar y riqueza acumulada, estas capacidades materiales a su vez constituyen instituciones que sostienen las ideas. Esta triada interactúa en el contexto internacional en función de alterar el orden existente y cambiar las relaciones de producción entre Estados centrales y periferia. Una vez conformada la nueva estructura alimentada por nuevas ideas y con suficientes capacidades materiales, se crea una nueva institucionalización como medio para perpetuar otro orden en particular. Nunca antes el Foro de Sao Paulo había encontrado tantas posibilidades para impulsar sus ideas, hasta que el gobierno venezolano asumió el Socialismo del Siglo XXI como bandera política, poniendo a la orden sus capacidades materiales e impulsando la creación de instituciones nuevas en el contexto internacional, instituciones al margen de la estructura tradicional.

El Foro de Sao Paulo, se autodefine como una fuerza social que trasciende las fronteras del Estado. Para la Teoría Crítica si bien el Estado es autónomo, juega un papel intermedio ante estas formas de poder emergente como lo son los movimientos sociales. El proceso político venezolano, cuenta con los tres elementos fundamentales de la figura 1; una estructura de ideas, ingentes capacidades materiales y este último elemento le ha permitido conformar una estructura paralela a la estructura existente, con la cual garantizar la continuidad del proyecto hasta tanto se agote alguno de los elementos necesarios.

RUPTURA Y CONTINUIDAD

En este capítulo se pretende desarrollar la idea de que aunque han ocurrido cambios políticos, económicos y sociales en Venezuela a partir de 1999, la cultura política creada alrededor del modelo rentista-estatista se mantiene, el uso del petróleo como arma de dominación política e ideológica no ha desaparecido, al contrario se ha exacerbado; sin embargo, nuestra identidad ha cambiado. La carencia de una cultura política adecuada en la población, permite que los líderes planteen cualquier tema como una ideología salvadora de la humanidad. En el caso del proceso político venezolano, en ese particular, lejos de ser la excepción, Venezuela ha sido ejemplo. Un país cuya clase política (al menos durante el periodo 1958-1998) deliberadamente no desarrolló ideologías políticas que por opuestas, fuesen a la vez complementarias, más aún; ideologías políticas alternativas (liberalismo, social democracia, socialismo, conservadurismo, etc.), jamás sospechó que los argumentos ideológicos pudiesen tomar tanto auge en un periodo histórico.

Con la presentación de bolivarianismo en principio, para finalmente convertirse en Socialismo, Venezuela cambió a lo interno y ante el mundo tanto en el ¿cómo desea hacerse ver?, al igual que en el ¿cómo es percibida por otras naciones? Los nobles ideales del colectivismo socialista, la lucha contra el imperialismo en todas sus formas y en particular el imperialismo yanqui, la promoción y defensa de los movimientos sociales y de izquierda, la defensa de la lucha armada de los grupos insurgentes colombianos así como la justificación de la lucha armada de los grupos insurgentes de la década de los sesenta en Venezuela, la defensa de la integración latinoamericana y caribeña bajo la concepción del ideal bolivariano, son algunas de las ideas que el discurso de Hugo Chávez pondrá en la agenda de Venezuela y del continente.

Mediante la comparación de la política tradicional del periodo comprendido entre 1958 y 1998 y la política del periodo comprendido entre 1998 y 2012, se identifican los puntos de quiebre y la continuidad que distinguen ambos periodos. Para sistematizar esta comparación, este capítulo se enfoca en el estudio de las siguientes variables: Identidad, Política Exterior, Política Interna y Política Petrolera. Desde estas perspectivas se identifica ¿en qué se parece?, ¿en qué se diferencia? y ¿en que pretende diferenciarse el proceso político venezolano de la Política Exterior del periodo 1958-1958, y en realidad sigue efectuando las mismas prácticas?

Identidad

La identidad de Venezuela durante el periodo histórico comprendido entre los años de 1958 y 1998 está claramente definida. Atravesando distintos periodos, pero siempre con una clara orientación, podemos encontrar esta identidad descrita por la Profesora María Teresa Romero (2009) en su obra *Política Exterior venezolana, el proyecto democrático 1959-1999*

La primera etapa, de 1959 a 1967, que privilegió la identidad de Venezuela como país democrático y occidental, desarrolló estrategias de política exterior tan importantes como la llamada (o llamada por algunos) Doctrina Betancourt; enfatizó la acción venezolana en la OEA y priorizó las relaciones venezolanas con los Estado Unidos… En la segunda etapa 1967-1977, la identidad venezolana corresponde a la de un país en desarrollo, y por tanto la política exterior venezolana da prioridad a temas y acciones de carácter tercermundista e integracionistas... En la tercera etapa 1977-1988 la identidad más resaltante es la de país americano (especialmente caribeño) y país deudor... En la cuarta etapa, que se inicia en 1988, J de Gueron señala que se nota un renovado énfasis en la identidad e interés como país democrático y occidental (p. 28).

Si bien son varias las etapas que transcurren en este periodo histórico en la política exterior venezolana, se puede convenir que la identidad del Estado corresponde a la de un país democrático, americano y caribeño (por lo tanto occidental), tercermundista y deudor. A esta descripción se añade que su carácter de país exportador de petróleo le da además la identidad de país en vías de desarrollo y aliado de occidente (representado en la potencia central de esta civilización, Estados Unidos).

Sin embargo, la revolución bolivariana llega para cambiar todo, sea bueno o malo, da una nueva visión a la identidad venezolana en el contexto de las naciones del orbe y esta nueva identidad de la Venezuela revolucionaria dará un nuevo significado a los intereses de la política exterior venezolana, redefiniéndolos y reorientando sus alianzas. Sin embargo, durante el denominado por algunos periodo democrático (1958-1998) la decisiva participación del petróleo y del mesianismo bolivariano, condujeron a nuestros dirigentes a una visión exagerada del poder real de Venezuela en la región y en el mundo. Desde el primer período de Carlos Andrés Pérez y hasta muy entrados los años ochenta se nos hizo creer que nuestro país poseía una misión superior, o una suerte de destino manifiesto a la del resto de las naciones, relacionada con una gesta libertadora pasada, que en la actualidad es tan ilusa como etérea. Los nobles y altruistas anhelos de la justicia social internacional, nuevo orden económico mundial y

toda clase de proyectos integracionistas, siempre estuvieron tan erra-
dos como desvinculados de la realidad entre los medios para alcan-
zarlos y los fines que se procuraban.

Esa visión de una misión superior, o bien destino, manifiesto constante en nuestra política exterior es exacerbada por Chávez en un nivel
que roza el delirio, "Alerta, alerta, alerta que camina… La espada de
Bolívar por América Latina" (expresión popular entre los simpatizantes del chavismo), esta expresión resume de forma perfecta la vocación expansionista del proyecto bolivariano o del Socialismo del Siglo
XXI. Para llevar a cabo esta tarea por parte de Chávez no bastaba con
ser democrático, occidental y tercermundista, la nueva identidad de
Venezuela y en particular de su política exterior, renovará la hiperactividad internacional, al igual que la procura de una misión superior
tan divorciada de la realidad como en los gobiernos previos.

En 2005 el profesor Aníbal Romero en su artículo *Política Exterior
del Régimen*, relata de forma descarnada su percepción sobre el rumbo de la política expansionista de la revolución bolivariana liderada
por Hugo Chávez:

De esta manera, y acicateados por un delirio izquierdista sin
asidero en los deseos y esperanzas de la mayoría de los venezolanos, Venezuela se ha colocado sobre un rumbo de enfrenta-
mientos crecientes con la más importante potencia del planeta,
en medio de la esquizofrenia que genera el hecho de que Estados Unidos sigue siendo nuestro principal socio comercial.
Además, el régimen persigue ficciones hacia el Sur del hemisferio, muy costosas en términos financieros y políticos, a pesar
de que al Norte tenemos al más voraz consumidor de petróleo
y gas natural de la tierra. Entretanto, los usualmente medio-
cres pero astutos líderes latinoamericanos se aprovechan, con
frío cálculo y despiadado realismo, de las veleidades de Chávez,

exprimiendo al máximo a una Venezuela postrada y ahogada
en petrodólares (p. 134).

En la siguiente tabla destacamos algunas de las características del
régimen político venezolano a partir de la llegada de Hugo Chávez

IDEARIO	La recuperación de la noción de pueblo en el discurso político y como sujeto de las políticas públicas. Ideología revolucionaria. Discurso antiimperialista.
MODELO POLÍTICO	Sustitución formal del modelo de democracia representativa por otro modelo de democracia protagónica-participativa. Desmantelamiento (al menos en el plano formal) de la institucionalidad en la que descansó el antiguo régimen representativo.
ACTORES POLÍTICOS	Papel activo de los militares en la vida pública expresado en el carácter cívico-militar que tiene el régimen. Desplazamiento de la antigua elite política y con ella de los partidos políticos que la representan y sus bases de apoyo.
BASE DE APOYO	Existencia de una base de apoyo al gobierno poco institucionalizada. Incremento de la polarización social.

Tabla 1. Rasgos del régimen político venezolano a partir del gobierno
de Hugo Chávez. Fuente: Gómez, 2005.

Ideario

El ideario chavista es tan diverso como disímil. Desde Bolívar hasta
Marx son parte del discurso y es el discurso el que crea la identidad
del gobierno y de su política exterior. Uno de los frentes discursivos
más radicales que ha abierto Chávez, es el que tiene como objetivo confrontar el imperialismo, en particular el estadounidense, en-
carnado fundamentalmente en la figura del hoy ex presidente G.W.
Bush, sobre la plataforma de una retórica nacionalista en nombre de
la cual, se proclama una acción política y un modelo de desarrollo
económico libre e independiente (Coppedge, 2002, pp. 69-96). Referirse a G.W. Bush como Mr. Danger públicamente y además ante la
Asamblea General de Naciones Unidas, quebrantando las reglas de
la diplomacia internacional, ha sido el gesto de desprecio más significativo que ha tenido Chávez con respecto al gobierno del país
norteño. Y uno de los que probablemente haya hecho aumentar la
admiración de sus seguidores: insultar al máximo representante de
la gran potencia al concluir una marcha (convocada bajo el lema

Venezuela se respeta en febrero de 2004) frente a miles seguidores, es leído por éstos como, una proeza de su comandante supremo. Los continuos ataques verbales a la responsable en su momento, del Departamento de Estado, Condoleezza Rice, forman también parte de este estilo anti-gringo (Conniff, 2003, pp. 20-31). El retiro del grupo de oficiales norteamericanos de las bases militares venezolanas, en abril de 2005, encargados de continuar el programa de intercambio militar que por 35 años mantuvieron ambos gobiernos (Dávila, 1996), puede interpretarse como una manera de enfrentar y desafiar los designios imperiales.

Sin embargo, al referirnos al tema militar, la cooperación norteamericana que había permitido capacitar a cientos de oficiales venezolanos en las escuelas militares de Estados Unidos, es suplantada por la cooperación militar cubana, la cual comienza a desarrollarse en el año 2003 tras los fallidos intentos de derrocar a Hugo Chávez y el paro cívico nacional. Es probable que los hechos ocurridos en esos dos eventos, en el cual tuvieron participación algunos oficiales de la Fuerza Armada Nacional, hayan encendido las alarmas del gobierno de Chávez, el cual consideró necesario implementar el control sobre la institución castrense. Recordemos que en capítulo anterior, Norberto Ceresole (1999), sugería la necesidad de un aparato de inteligencia efectivo. Es ante esta necesidad que se presume que agentes del G2 cubano, empiezan a operar en Venezuela a solicitud del propio gobierno de Hugo Chávez. Esto generó toda una serie de transformaciones dentro de la institución militar que incluso llevaron a incinerar los manuales de doctrina de guerra bajo los cuales había operado hasta la fecha la Fuerza Armada Nacional (los cuales obedecían a la doctrina OTAN). Se comenzó a hablar del pensamiento militar venezolano, una doctrina enfocada en la guerra de resistencia y "guerras de 4ta generación" [2].

---

2   El término "Guerra de 4ta Generación" fue acuñado por el experto norteamericano en temas militares William Lind en 1989 en un documento titulado El rostro

La otra cara del antiimperialismo en Chávez es su nacionalismo. Nacionalismo que no solo asimila la nación con el pueblo, sino que a su propia persona con el colectivo nacional, resumido en los excluidos. En nombre de este colectivo es que el presidente se erige como el defensor de los intereses nacionales frente a la supuesta voracidad del imperio. Sin embargo, este nacionalismo no se ha traducido hasta ahora en un modelo económico hacia dentro, por el contrario, el modelo económico se ha convertido en una vorágine de importaciones, bajo el esquema de reconfiguración de alianzas (disolución de alianzas tradicionales y configuración de nuevas alianzas comerciales) y además de todo el motor que mueve el aparato de importaciones venezolanas, sigue siendo (como tradicionalmente ha sido) los ingresos provenientes de la renta petrolera y en particular los generados por la factura del crudo enviado a Estados Unidos. El volumen de las importaciones venezolanas ha aumentado considerablemente en los últimos años al tiempo que Chávez insiste febrilmente en el diseño de núcleos endógenos de desarrollo como instrumento alternativo al capitalismo como modelo esclavista": "aquí estamos inventando un modelo y por eso es que en Washington están enojados porque queremos liberarnos del capitalismo y así lo estuvieron años atrás con Simón Bolívar..." (Esposito, 1996).

Modelo Político

El objetivo principal que guiará este estilo de gobierno será conducir a los excluidos al reino de la felicidad, previo a la visualización de aquellos que anteriormente estaba excluidos, negada por el sistema anterior expresado en la democracia representativa (la Cuarta República, según nos ha enseñado la gramática del gobierno revolucionario), controlado por la oligarquía (posteriormente burguesía para

cambiante de la guerra: hacia la cuarta generación en la revista Military Review.

efectos de discurso) que en el lenguaje chavista, se refiere a la cúpula política y económica del período histórico previo y que por conveniencia del discurso político y su carácter antiimperialista, son a su vez cachorros del imperio. Se trata de un enemigo responsable de la debacle nacional, al que debe hacerse desaparecer, so pena de que la promesa del reino feliz de los tiempos finales no se cumpla (García Pelayo, 1980).

En el plano de la participación sociopolítica, Venezuela se encuentra en revolución, la Revolución vino a cambiar todo lo que la democracia representativa y sus exponentes, las cúpulas podridas de la Cuarta República significan. La Constitución de 1999 prevé un conjunto de mecanismos como los referenda para derogar el mandato a autoridades electas como el Presidente, los Gobernadores y Alcaldes, esto en el plano de la participación popular. Sin embargo, esos mismos mecanismos de participación popular son empleados para alterar el principio de alterabilidad democrática y darle perpetuidad al proyecto político, al convocarse el 15 de Febrero de 2009 a un referéndum consultivo mediante el cual se aprueba la enmienda de los artículos 160, 162, 174, 192 y 230 de la Constitución de la República Bolivariana de Venezuela con el fin de permitir la postulación de cualquier cargo de elección popular de manera continua. Con un 54,86% de votos SI contra un 45,13 de votos NO, Chávez garantiza el poder postularse por cuarta vez consecutiva a la presidencia de Venezuela en el año 2012. El principal argumento no es el de darle continuidad a Chávez, ya que no se trata de pretensiones personales; es darle continuidad al proyecto revolucionario, pero el pueblo está en revolución y Chávez es el pueblo; por lo tanto la revolución requiere que el pueblo (Chávez) permanezca en el poder.

Los mecanismos de participación política también son utilizados a favor del gobierno revolucionario, todo se justifica esgrimiendo la Constitución y esta recibe las más diversas interpretaciones. En este particular el artículo 70 de la Constitución de 1999 prevé los medios de participación política:

> Son medios de participación y protagonismo del pueblo en ejercicio de su soberanía, en lo político: la elección de cargos públicos, el referendo, la consulta popular, la revocatoria del mandato, la iniciativa legislativa, constitucional y constituyente, el cabildo abierto y la asamblea de ciudadanos y ciudadanas cuyas decisiones serán de carácter vinculante, entre otros; y en lo social y económico, las instancias de atención ciudadana, la autogestión, la cogestión, las cooperativas en todas sus formas incluyendo las de carácter financiero, las cajas de ahorro, la empresa comunitaria y demás formas asociativas guiadas por los valores de la mutua cooperación y la solidaridad. La ley establecerá las condiciones para el efectivo funcionamiento de los medios de participación previstos en este artículo.

Sin embargo, para el año 2009 se le impone a la sociedad una forma de acción para la participación política mediante la implementación de la Ley Orgánica de los Concejos Comunales, éste será el paso previo para que en el año 2010 se comience a hablar de la conformación de comunas socialistas como parte del plan para construir el socialismo bolivariano.

Estas prácticas (creación de una nueva institucionalidad, y permanencia del caudillo en el poder) corresponden directamente a dos tesis abordadas en el capítulo anterior, 1. La idea de democracia participativa de Heinz (2007) del Socialismo del Siglo XXI (Consejos Comunales) 2. El caudillo como representación inamovible del pueblo (concentración de poder en función de la voluntad general de Jacob Talmon (1956), posteriormente plasmado en *Caudillo, Pueblo y Ejercito* de Norberto Ceresole (1999)). Deshacer las instituciones tradicionales de mediación de poder entre el Estado y el pueblo, para suplantarlas por instituciones nuevas de contacto directo entre el caudillo y el pueblo, será el eje central del modelo político a ser implementado por Hugo Chávez.

En el empeño de construir el Socialismo del Siglo XXI (a partir del año 2006), Chávez señaló que será condición indispensable que todos los proyectos (Portantiero, 1981, pp. 7-17) apunten a la construcción del socialismo inmediato para poder contar con fondos del gobierno central. Es decir, la inmediatez convertida en requisito para la asignación de los recursos. En este sentido el Proyecto Nacional Simón Bolívar o Primer Plan Socialista de la Nación 2007-2013 es esclarecedor, éste se propone en su presentación "la refundación de la Nación venezolana, la cual cimenta sus raíces en la fusión de los valores y principios más avanzados de las corrientes humanistas del socialismo" (p. 2)

Es el socialismo a partir de 2006, y no el bolivarianismo, la etiqueta ideológica del proyecto político liderado por Hugo Chávez. Esa ideología es insertada masivamente en la población venezolana, la cual como se señala en el capítulo anterior, ha sido privada durante el período histórico previo (la Cuarta República para Chávez) de un debate sólido, consistente sobre la filosofía socialista y su tesis opuesta, el liberalismo. Pese a que el partido Acción Democrática (para Chávez el principal exponente de los vicios del pasado) es un partido de ideología Social Demócrata (centro izquierda), COPEI (el partido antagónico a Acción Democrática durante la Cuarta República) nunca optó por ser un partido de derecha. Esto puede generar polémicas de todo tipo, sin embargo ambos partidos no se plantearon el debate entre libertades individuales vs. Colectivismo, o de la disminución del papel del Estado en la generación de riquezas, privilegiando en contra posición, la iniciativa privada. De hecho buena parte de la iniciativa privada no era tal, eran dineros del Estado colocado en manos de particulares para un fin determinado.

Ante esa orfandad de ideas, o al menos de sistemas de referencia que permitiesen al venezolano común, diferenciar entre ambas corrientes de pensamiento, o al menos identificarlas, fue sumamente fácil imponer un modelo que prometiese el paraíso en la tierra. El Socialismo del Siglo XXI, enunciado por Heinz (2007), rescatado por Chávez y denominado socialismo bolivariano ha mezclado a Bolívar con Carlos Marx sin generar mayor rubor en la población.

Actores Políticos y Bases de Apoyo

Los actores políticos que participan de la revolución bolivariana, no son actores políticos tradicionales. Los partidos políticos del *statu quo* (Acción Democrática y COPEI) pasan a ser cúpulas podridas, su relevancia en el ámbito político pierde valor y la misma dirigencia de estos partidos entregó sus tarjetas en el año 2000 al candidato Francisco Arias Cárdenas, quien fue compañero de Hugo Chávez en el fallido golpe de Estado de Febrero de 1992. La popularidad de Hugo Chávez proveniente de su virulento discurso contra las cúpulas podridas de la Cuarta República, aunada a la capitulación tacita de éstas, ante la fuerza política emergente, abrieron las posibilidades para que el terreno de la política quedase en manos del MVR (Movimiento Quinta República) partido político con el cual llega Chávez al poder.

De modo que quedará el partido de Gobierno prácticamente sin interlocutor, al tiempo que, pasan las Fuerzas Armadas a convertirse en el principal soporte y respaldo del gobierno revolucionario. El primer proyecto implementado para promover la alianza cívico-militar fue el Plan Bolívar 2000, un plan cívico-militar que tuvo como finalidad activar y orientar la recuperación y fortalecimiento de Venezuela y atender las necesidades sociales del país (Xabdler, 2011).

Con este primer paso, se comienza a incorporar a la vez, oficiales activos de la Fuerza Armada a cargos dentro del gabinete del presidente de la república. Es el primer paso para la construcción del partido cívico-militar, y el desarrollo del proyecto de Ceresole (1999) caudillo, pueblo y ejército. La imagen del líder militar convertido en caudillo nacional, dependerá en muy buena medida de la participación de las Fuerzas Armadas como principal soporte del régimen.

El carácter personalista del liderazgo de Hugo Chávez le permite en el año 2002, conformar estructuras para la promoción y defensa de la Revolución como lo fueron los círculos bolivarianos. Estas estructuras de organización popular cumplieron una función muy importante para consolidar el gobierno revolucionario, a ellas se les atribuyó actos violentos en contra militantes de la oposición, especialmente en los años 2001 y 2002.

Hasta ahora, quedan plenamente identificados dos actores políticos ajenos al periodo histórico previo al gobierno de Hugo Chávez; el primero las Fuerzas Armadas y el segundo las agrupaciones de base organizadas desde el ejecutivo. Haciendo referencia al capítulo anterior sobre la concepción que Norbeto Ceresole (ibídem) hace del poder, éste no debe ser un modelo democrático sino post democrático, así se encontrarán los antecedentes de este modelo en movimientos como el peronismo argentino, que siempre recurrió al pueblo dignificado y al ejército nacionalista como pilares de soporte del gobierno y como actores políticos. Para el citado autor existe un paralelismo entre la post democracia venezolana y la revolución cubana:

> ...desde la caída de Moscú lo único que aún queda vivo en ella, es la acción pertinaz de un caudillo que aglutina al pueblo-nación. Sin ese cemento, implosionaría la totalidad de sistema, después de cuarenta años de experimentos, nada quedaría en pie a los pocos minutos de la eventual desaparición del caudillo.

En ese sentido también la post democracia venezolana es una
tradición fuertemente arraigada en la cultura política hispano
criolla (ibídem: p. 31).

En todo caso, ambos actores (Fuerzas Armadas y organizaciones
populares fomentadas desde el poder central) poseen un precario nivel de institucionalización, ya que dependen exclusivamente del Presidente de la República, sus órdenes las reciben directamente de éste,
dejando prácticamente al margen de cualquier intervención a cualquiera de las instituciones del Estado o a los partidos políticos. Más
adelante en este capítulo se establecen similitudes entre los cambios
de actores políticos y las bases de apoyo que ocurren en la política
doméstica y su réplica en la política exterior.

Política Venezolana
Política Interna
Hacer una comparación entre la política interna del periodo 1958-
1998 y el periodo en el que ejerce la presidencia Hugo Chávez Frías
a partir de 1998, es tan válido como contradictorio. Básicamente, el
modelo político sigue siendo el mismo, sin embargo la percepción de
la opinión pública es totalmente diferente. No está en las ejecutorias
la diferencia, está en la identidad del gobierno y en los actores que de
este participan.

Para transitar una ruta sobre este particular, se añaden algunas
de las apreciaciones que hiciese Hender Urdaneta (2008) sobre la situación del periodo histórico que el chavismo acostumbró a llamar
Cuarta República, las cuales no dejan de ser válidas para el análisis:

• Entre 1986 y 1998 el ingreso se deterioró en más de un 52%, por
lo que más del 85% de los venezolanos vivían en nivel de pobreza.

• La receta implicó el aumento de los pagos de los servicios públicos (agua, teléfono, electricidad y otros), venta de las empresas del

Estado: CANTV, SIDOR, VIASA y otras, aumento del costo de la gasolina para los venezolanos, eliminación del pago de las prestaciones a los trabajadores, devaluación del Bolívar y otros.

- Lo más bochornoso, penoso e inhumano era observar como un grupo de venezolanos traidores a la patria depositaban en dólares en los bancos extranjeros cantidades por un monto superior a la deuda externa. Deuda que el Estado venezolano contrajo en su mayor parte por culpa de los grandes empresarios (oligarcas), estos dejaron de invertir en el país y enviaron el dinero al exterior. Dinero proveniente del acaparamiento de la renta petrolera con la complacencia del Estado venezolano benefactor.

- Se acrecentó el desempleo entre un 18% y un 20%, afectando grandemente a la mujer donde llegó a superar el 43,5%. La mitad de la fuerza laboral se desplazó a la economía informal. El sueldo mínimo era uno de los más bajos de América Latina, no alcanzaba a cubrir la mitad de la cesta básica.

- Más de 2.000.000 de personas esperaban por una solución habitacional, cualquier habitáculo era una solución para gobierno nacional, llegaron a meter familias en conteiner y en casitas que las personas las llamaban "cajas de fósforos", sin sillas, camas, nevera, cocina, es decir soluciones indignas. A esto se sumó la adquisición de viviendas por parte de la clase media a través de los llamados créditos indexados, donde las personas estaban sujetas a los aumentos constantes de las tasas de intereses y cada vez el deudor hipotecario veía esfumar la esperanza de tener vivienda propia porque su deuda siempre era mayor y de nada servía la inicial pagada, las mensualidades y las cuotas especiales pagadas exigidas por los bancos.

- La seguridad social y los servicios de salud estaban colapsados; el Seguro Social estaba bajo una junta que se encargaba de su cierre.

Los servicios de salud se encontraban además privatizados, para todo se pedía una colaboración (pago), eran atendidos de mal gusto, no contaban con equipos de diagnóstico de alta tecnología, no recibían las medicinas, de modo que las personas enfermas morían al no poder comprar sus medicamentos y/o pagar en las clínicas privadas un diagnóstico y menos si se trataba de una operación de alto riesgo.

- No se respetaban los derechos humanos, el que protestaba lo desaparecían o aparecía muerto. ¿Cuántos estudiantes desaparecieron o mataron por sus protestas? ¿Cuántos cadáveres aparecieron en los llamados pozos de la muerte?

- Los medios de comunicación que no se adaptaban a los designios del gobierno de turno los clausuraban o los intervenían, tenían comisiones encargadas de revisar las noticias antes de ser publicadas, con la potestad de eliminar las inconvenientes para el gobierno. La Conferencia Episcopal era muda, era complaciente, participaba del festín de la cuarta república, hoy se ha convertido abiertamente en un partido político que defiende la oligarquía, a la cuarta república, por sus intereses que no son los del pueblo.

- Se planificaban obras de infraestructura, se aprobaban los presupuestos, pero no las ejecutaban, así cada año colocaban esas obras en el presupuesto, lo aprobaban pero no las ejecutaban o bien tardaban muchos años en hacerlo ¿qué pasó con ese dinero? Pregúntenle a los de la cuarta república ("El rostro de Venezuela", *Aporrea,*2008).

Todas estas anomalías o vicios del sistema político venezolano fueron estandarte de la campaña electoral del año de 1998 para Hugo Chávez. De allí surgió el calificativo de cúpulas podridas, y es que en efecto el modelo ya había sido denunciado previamente por Juan Carlos Rey (1991) en su artículo *La democracia venezolana y la crisis*

del sistema populista de conciliación. Rey (ibídem) hace una breve re-
trospectiva sobre el cómo la movilización social que generó la férrea
dictadura de Juan Vicente Gómez y como ésta finalmente se manifiesta durante los gobiernos de López Contreras y Medina Angarita,
para desembocar en la llamada revolución de octubre. Después ana-
liza las causas del derrocamiento de Rómulo Gallegos y con ello el
fracaso del primer intento de democracia en Venezuela.

Cuando la obra de Rey (ibídem), comienza a abordar el tema del
período histórico que se inicia en 1958, la similitud con las prácticas
del chavismo son impresionantes. Al referirse a los primeros estudios
realizados en 1960 sobre el sistema que se intentaba implementar en
Venezuela, los cuales eran bastante pesimistas en cuanto a las posibilidades de fracaso del mismo destacó:

> No tuvieron en cuenta el papel fundamental que podían des-
> empeñar las estructuras, instituciones y mecanismos políticos,
> conscientemente diseñados para la creación de ese consenso, y
> que éste podía ser el resultado no ya de una comunidad de valo-
> res y orientaciones normativas, sino del funcionamiento efectivo
> de ciertos mecanismos de tipo utilitario. Pues cuando —como
> ocurría en Venezuela en 1958— la legitimidad de un régimen
> político no está generalmente aceptada en base a razones nor-
> mativas, es posible que logre mantenerse si es capaz de gene-
> rar, a corto plazo, apoyos basados en razones utilitarias; de esta
> manera se puede producir, a medio o largo plazo, un proceso
> de aprendizaje o socialización en el que los distintos actores, al
> ver satisfechos sus intereses utilitarios, lleguen a desarrollar un
> sentimiento de legitimidad con respecto a tal régimen (ibídem).

De igual forma la inmediatez en la gestión pública se convierte desde el principio en la acción de gobierno de Hugo Chávez,

comenzando desde su llegada al poder con la implementación del Plan Bolívar 2000, éste apuntaba de igual forma a resolver problemas utilitarios y de carácter inmediato (vivienda, escuela, salud, mercados populares, etc.) y ya para el año 2001 la efectividad y transparencia de este plan estaba seriamente comprometida tal y como lo señala Roche (2003)

> El plan Bolívar 2000 fue un plan ideado y dirigido directamente por Chávez y fue ejecutado con todo tipo de vicios e irregularidades; entre otras, no disponía de un plan estructurado y fue inicialmente financiado por partida secreta no auditable. En su operación, este se manejó con violación de leyes, se produjeron irregularidades y delitos de salvaguardia en el uso de los recursos, se justificaron gastos con facturas falsas y en las guarniciones se perdió dinero del presupuesto. Basta examinar el informe de la Contraloría General de la República del 24 de enero de 2001 y el informe de la Comisión de Contraloría de la Asamblea Nacional de Junio de 2002 ("El gobierno con la corrupción", *Analítica,* 2003).

El Plan Bolívar 2000, pasó de ser una solución a convertirse en la primera lanza empuñada en contra de la administración Chávez, la improvisación y el uso de las Fuerzas Armadas (alianza cívico-militar) como órgano de implementación de este plan asistencialista, pusieron en entredicho rápidamente la idoneidad del nuevo gobierno (ibídem). En este sentido, Poliszuk (2013) explica que

> No fue uno sino varios casos de corrupción. Recién llegado a Miraflores, Hugo Chávez lanzó en 1999 una serie de programas sociales que la Fuerza Armada Nacional ejecutó con la premisa de la "alianza cívico-militar". Fue así como se vio a los

soldados arreglando ranchos y vendiendo víveres con la bandera del llamado Plan Bolívar 2000. El programa se extendió por más de tres años y terminó salpicado por facturas enmendadas y cheques post datados. En Guárico, por ejemplo, se grabó a un soldado que —bajo las órdenes del general Melvin López Hidalgo— cambió en efectivo un cheque a nombre de un ferretero. La Contraloría emitió un informe en que determinó varios ilícitos, pero Chávez salió en defensa del general Manuel Rosendo y otros señalados: "A lo mejor es una falta administrativa que requiere una multa (...) pero no es para prender el ventilador". ("14 años de corrupción", *El Universal,* 2013)

Contradictoriamente, la necesidad de respuestas se escenifica en el marco de una enorme división social, lo que dificulta su correcta concreción. La necesidad de mayor institucionalidad es sacrificada, ya que el caudillo (según la lógica de Ceresole (1999)) debe desmontar todas las instituciones de intermediación de poder entre él y el pueblo, sin embargo, en el altar del inmediatismo. "La revolución en los populismos latinoamericanos no es ni pasado ni porvenir, es presente" (Petkoff, 2005), lo que puede traducirse en que los populismos por más que puedan anclar en ideologías pretéritas (como la bolivariana de Chávez por ejemplo), están urgidos de mostrarse como los portadores de soluciones que comprometen el día de hoy.

La idea de refundación, sobre la cual se sustentó la propuesta inicial de darle a Venezuela una nueva Constitución, ese recomenzar nacional, obliga a desacreditar o anular la historia previa (contra la cual se insurge y por la cual existen excluidos), a menos que sea para acercar gestas y dioses del Olimpo nacional que vengan en auxilio del gestor populista (uso del bolivarianismo); Chávez ha entendido bien que es la intemporalidad inmediata, a la vez anti-política lo que caracteriza al populismo de modo exclusivo. Cuando el presidente ofertó al país la idea de una Asamblea Nacional Constituyente (ANC), lo hizo bajo el signo de la inmediatez. Era urgente para la sociedad venezolana contar con una nueva Constitución, tanto que la tarea que requería de plazos más generosos, fue adelantada en tiempo record. En apenas cuatro meses, la nueva Constitución fue elaborada. Sin embargo, ni la inmediatez, ni la atención a problemas como la salud o la educación, han logrado solventar los problemas estructurales y cotidianos que fueron listados previamente y que se atribuían a las administraciones de Acción Democrática y COPEI. Por el contrario, éstos persisten y a pesar de ello, el apoyo al proyecto del Socialismo de Siglo XXI, ha logrado mantener apoyo popular.

Otra característica fundamental de la política interna venezolana, sin la cual no se podría evaluar en su justa medida, el éxito que ha tenido el gobierno revolucionario para permanecer en el poder por encima de las adversidades, es el liderazgo que logró desarrollar Hugo Chávez; vale la pena señalar que el mismo se encuentra sustentado por una cantidad insólita de recursos, provenientes de la renta petrolera. Con estos recursos, liderar un proceso político interno con pretensiones expansionistas, fue mucho más sencillo. No obstante, el ya referido Norberto Ceresole (1999) al referirse a Chávez expresó

> Pude ver, en la práctica, cómo funcionaba el "carisma", algo que yo había estudiado "en los libros", pero que no había visto casi nunca en la realidad. Pude ver en definitiva, y en una época de "alto riesgo" a un político excepcional, luchar contra las grandes adversidades de la historia y las pequeñas miserias de la vida cotidiana (p. 37).

Este militar convertido en caudillo cumple en buena medida con las premisas que Nicolás Maquiavelo (s.f.) señala sobre "los príncipes que obtienen el poder por sus propias armas"

Nótese bien que no hay cosa más ardua de manejar, ni que se lleve a cabo con más peligro, ni cuyo acierto sea más dudoso que el obrar como jefe, para dictar estatutos nuevos, pues tiene por enemigos activísimos a cuantos sacaron provecho de los estatutos antiguos, y aun los que puedan sacarlo de los recién establecidos, suelen defenderlos con tibieza suma, tibieza que dimana en gran parte de la escasa confianza que los hombres ponen en las innovaciones, por buenas que parezcan, hasta que no hayan pasado por el tamiz de una experiencia sólida (p. 30).

Y es que el presidente ha sido a lo largo de sus años de gobierno, habilidoso y sagaz para fabricar la expectativa del día y dictar la agenda política, semana a semana, cuando no es una disputa con la iglesia, es una con los empresarios, cualquier ONG o con el imperio; sus ejecutorias son de ÉL, es quien decide así sea a contra corriente de los convencionalismos, de las leyes (las cuales posteriormente modifica para darle legalidad a lo que ya previamente ejecutó. Su carisma se ve complementado con algo de intelecto y una gran audacia, Karl Von Clausewitz (s.f.) calificaba a la audacia de "auténtica potencia creadora". Para él la audacia requería de intelecto, de visión política podríamos decir, sin esto se resumía a mera temeridad. Subrayaba también que

...cuanto más ascendemos en las posiciones de comando, mayor preponderancia tendrá la labor mental, el intelecto y la sagacidad y, por lo tanto, más será desdeñada la audacia como propiedad del temperamento. Por ello, con menos frecuencia la encontramos en jerarquías elevadas, pero es allí donde más debe ser enaltecida. La audacia guiada por la inteligencia es el rasgo primordial del héroe: su audacia no consiste en lanzarse contra la naturaleza de las cosas, en producir un forzamiento de las leyes de probabilidad, sino en el respaldo de los cálculos que el genio con su determinación instintiva realizó con la celeridad del rayo y sobre los que decide incluso con la mitad de su conciencia (p. 141).

Características del gobierno de Hugo Chávez replicadas de la Cuarta República, son básicamente las de continuar la práctica de implementar políticas públicas y planes asistencialistas rápidos y de amplia cobertura; para aquellos escépticos que ponen una amplia brecha entre las política implementadas en ambos períodos. Solo hemos de mencionar algunos paralelismos como son RECADI = CADIVI, CORPOMERCADEO = MERCAL, PDVAL; la práctica de controlar la economía desde el poder central interviniendo en todas las fases de producción se llamó en el gobierno de Jaime Lusinchi CONACO-PRESA (Comisión Nacional de Costos Precios y Salarios) Chávez le dio rango legal promulgando la Ley de Costos y Precios Justos. En cuanto a la capacidad de sostenerse en el poder respaldado de un fuerte liderazgo carismático, a Chávez (paradójicamente) sólo se le puede comparar con Carlos Andrés Pérez, el resto de los presidentes del período 58-98 no se caracterizaron por su carisma o arrastre de masas. Curiosamente es Carlos Andrés Pérez contra quien insurge Chávez y a quien este mismo cataloga como su némesis.

Política Petrolera

Durante años en Venezuela se ha hablado de sembrar el petróleo, frase atribuida al escritor Arturo Uslar Pietri, cuando el 14 de julio de 1936 Uslar publicó en el diario *Ahora* su artículo homónimo, alertaba con clarividencia, el errado rumbo que tomaba la economía venezolana al transitar de la producción agrícola, no hacia la producción petrolera, sino hacia la dependencia petrolera. Desde ese entonces, hasta nuestros días, el precio del crudo ha marcado la historia de Venezuela, sus periodos de bonanza y sus periodos de crisis.

Hugo Chávez, entre sus tantas promesas de campaña, apunta una de ellas a superar el modelo rentista (vivir exclusivamente de la renta petrolera), ese modelo se lo atribuye al igual que todos los demás males del país, a los partidos Acción Democrática y COPEI.

Desde 1999, el gobierno Chávez se distanció de la política de apertura petrolera, desligándose de la lógica del libre mercado, sin embargo es pertinente recordar que esta práctica recién había sido implementada de forma exclusiva por Rafael Caldera en su segundo mandato, según Horacio Medina (2010):

Durante este período, y de la mano del Presidente de PDVSA, Luis Giusti, se adelantó el proceso de Apertura Petrolera, el cual, fue cuestionado por Hugo Pérez La Salvia, el ex ministro de Caldera en su primer mandato. Debemos resaltar, sin embargo, dos aspectos importantes, en primer término, el proceso de Apertura fue antecedido por un amplio y profundo debate nacional, donde participaron las distintas corrientes del pensamiento y siempre estuvo marcado por una intensa presión desde Miraflores para garantizar que tanto el Ministerio de Energía como PDVSA mantuvieran bajo su control las decisiones en los distintos esquemas de negociación, considerados en la Apertura como los Convenios Operativos, las Asociaciones Estratégicas de la Faja y los Convenios de Exploración a Riesgo bajo el esquema de Ganancias Compartidas ("Rafael Caldera y el petróleo", *Rafael Caldera,* 2010).

Quienes asocian a Caldera con el conservadurismo y las prácticas de la derecha liberal económica, olvidan que fue este quien inició, en su primer mandato el proceso de reversión al Estado Venezolano de las concesiones petroleras y que, el entonces candidato de gobierno Lorenzo Fernández, aseguraba en sus discursos que no le temblaría el pulso para firmar el decreto de nacionalización. De modo que el modelo neoliberal de apertura petrolera, no puede ser considerado una práctica recurrente del periodo comprendido entre 1958 y 1998.

Chávez prefirió controlar la oferta de petróleo para recuperar (desde su óptica) la renta petrolera, además estableció un margen mínimo de participación del Estado en los proyectos de hidrocarburos y del incremento de las regalías[3]. Estas últimas fueron fijadas en 20% para la explotación del gas natural y 30% para los hidrocarburos líquidos.

La ley determinó que en el caso de yacimientos que presentan mayores dificultades para la explotación, como los de petróleo extrapesado de la faja del Orinoco, la regalía puede ser rebajada hasta quedar en un límite de 20%. La tasa puede restituirse dependiendo de la rentabilidad de los proyectos y puede ser usada como parámetro de subasta, de manera que pueden obtenerse por esta vía, tasas más altas. De acuerdo con Bernard Mommer (2002), el gobierno reconoció que las regalías son más fáciles de controlar ya que no puede producirse ningún barril sin pagar la regalía. En este sentido, la regalía hace coincidir los intereses del dueño del recurso natural con los del inversionista. Ambos, dueño e inversionista, ganan y pierden con precios y volúmenes.

La Constitución de 1999 determinó que todas de las acciones de PDVSA son del Estado venezolano, impidiendo con ello su privatización parcial o total. Posteriormente, en noviembre de 2001, fue expedida la Ley Orgánica de Hidrocarburos (promulgada por un decreto habilitante y no por un debate parlamentario) que definió un tope mínimo de participación del Estado en la explotación petrolera e incrementó

---

3   Se entiende por regalías la contraprestación pagada por las compañías extractivas del sector petrolero al Estado por la explotación de los recursos hidrocarburos del territorio nacional. Dicha regalía es determinada y recaudada por el Estado a través de PDVSA.

la regalía, además estableció la obligatoriedad de mudar al nuevo régimen jurídico, los contratos suscritos entre la estatal PDVSA y las compañías privadas en el marco de la política de apertura petrolera.

Esta política fue sustentada por una nueva estrategia dirigida desde la OPEP, a fin de restringir la oferta de petróleo y presionar el alza de los precios. La unidad de los países petroleros en torno a este propósito quedó avalada durante la segunda Asamblea cumbre de la organización en septiembre de 2000 en Caracas. Las acciones de los once países de la OPEP surtieron efectos positivos y convergiendo con otros factores como la especulación financiera y la invasión a Irak, empujaron al alza los precios del petróleo. En 1998, el precio del barril se encontraba en 11,2 dólares, en 1999 se incrementó a 14,3 dólares y en el año 2000 llegó a 23,3 dólares. En el curso de seis años, el precio del barril de petróleo sobrepasó los 100 dólares. El incremento de la extracción petrolera, que venía desde el año 1990, se frenó en el año 2000 y después del año 2002 hubo una tendencia al establecimiento de márgenes inferiores a los tres millones de barriles diarios. Todos estos factores reafirman la tesis del economista Ángel García Banchs (2012).

> Hay que estar ciego, babeado por el comandante o, al menos, disociado de la realidad, para pensar que Chávez ha sido verdaderamente el artífice del alza del precio del petróleo desde 1999 a la fecha. La verdad es que Chávez y también los venezolanos en general, hemos sido beneficiarios de un alza de casi 1.400% del precio del crudo desde 1998, pero, ningún venezolano, incluido Chávez, es responsable de dicho aumento (de 8$/barril a unos 120$/barril) ("¿Es mérito de Chávez el alza del petróleo?", *El Universal*, 2102).

Sin las coyunturas económicas que se presentaron, el precio del petróleo no se hubiese incrementado en la forma exorbitante durante el gobierno chavista, sin embargo, nuevamente el aparato comunicacional del Estado se esmeró en hacer ver ese hecho como un logro de la política petrolera del gobierno. Por otro lado, la legislación fijó un mínimo de 51% para la participación estatal en los proyectos de exploración y explotación petrolera, admitiendo la intervención de compañías transnacionales mediante la conformación de empresas mixtas en las que su participación puede llegar hasta el 49% en las fases de exploración y explotación. Sobre la participación privada en las actividades denominadas de aguas abajo, como son la refinación, el transporte y la comercialización, la legislación no estableció límite. En paralelo, el discurso político atacaba a las empresas transnacionales que operaban en Venezuela el negocio petrolero, Chávez después de los eventos de 2002 y 2003, en los cuales fue desplazado del poder por 72 horas y posteriormente enfrentó un paro de las actividades de la industria petrolera de más de un mes de duración, propuso la plena soberanía petrolera nacional el 10 de octubre de 2004 desde la refinería de Jose en Puerto La Cruz, durante la transmisión de su programa Aló Presidente.

La colocación de crudo en el exterior es una de las mayores fortalezas de la industria petrolera venezolana. El objetivo de desarrollar una nueva estrategia de mercadeo internacional es encontrar nuevos mercados y nuevas opciones que permitan incrementar y diversificar la producción. Según el plan de negocios de la industria petrolera, se encuentra la evaluación y negociación de los convenios operativos, revisiones de negocios nacionales e internacionales de PDVSA, promover auditorias técnicas y administrativas de los diferentes negocios de la industria petrolera y el análisis de nuevos negocios. (Líneas Generales del Plan de Desarrollo Económico y Social 2001- 2007, p. 36).

Cimentados en estas líneas, los convenios operativos, producto de la ya señalada apertura petrolera fueron revisados hasta que en el año 2007, por decreto presidencial, todas las concesiones para la explotación petrolera y en particular las otorgadas en la faja petrolífera del Orinoco fueron convertidas en empresas mixtas, lo que llevó a la salida de Venezuela de las principales compañías, como la Exxon Mobil y Conoco Phillips, las cuales no aceptaron las nuevas condiciones impuestas y retiraron su inversión en los proyectos que desarrollaban.

Todo parece indicar, que el gobierno de Hugo Chávez descartó la participación de capital transnacional en el negocio petrolero venezolano, sin embargo, lo que en efecto ocurrió, fue un cambio de inversionistas asociados a lo que el discurso revolucionario llama el capitalismo salvaje o el neoliberalismo, por socios vinculados a las nuevas alianzas políticas que desarrolla el gobierno.

Según el boletín informativo electrónico de la Academia Nacional de Ingeniería y el Hábitat (2013):

El ing. Diego J González denunció que en un lapso de tres años, del 2009 al 2013, se entregaron, "a dedo", de forma arbitraria, 63 de los mejores campos petroleros de Venezuela, ubicados en las dos principales cuencas petrolíferas tradicionales del país, Maracaibo y Maturín. Se pregunta el Ing. González si las empresas estatales y privadas que recibieron los campos tienen disponible el músculo tecnológico de ingeniería de yacimientos para trabajar en los estudios integrados de yacimientos que se requieren, y si poseen la fibra financiera, así como el conocimiento y los recursos humanos de ingeniería de petróleo, geología, petrofísica, geofísica, operaciones y otras disciplinas, necesarios para aumentar sustancialmente la producción de esos campos. Las inversiones y gastos estimados para las empresas mixtas que posteriormente se constituirían suman cerca de USD 28 G (millardos), de los cuales PDVSA deberá aportar el 60% (unos USD 17 G). ¿Es esto soberanía y transparencia? (p. 8).

Esta misma publicación, cita las empresas a las cuales PDVSA ha otorgado concesiones desde 2009 hasta 2011, para una mejor visualización las mismas fueron plasmada en siguiente **Tabla 2.**

EMPRESA	ORIGEN	CAMPOS ENTREGADOS
ENARSA/PLUSPETROL	ARGENTINA	ANZOATEGUI-CACHICAMO CARICARI SOCORORO YOPALES NORTE
ODEBRECT	BRASIL	ZULIA-MARA ESTE MARA OESTE LA PAZ SIBUCARA EL MOJAN
CUPET	CUBA	ANZOATEGUI-ADAS LIDO LIMON OFICINA CENTRAL
CUPET/SONAGOL	CUBA/ANGOLA	ANZOATEGUI-CAMPO MIGA CAMPO MELONES
ANCAP	URUGUAY	ANZOATEGUI- OVEJA YOPALES SUR
SUELO PETROL	VENEZUELA	ZULIA-CABIMAS SUR FRANJA DEL KM EL LAGO TIA JUANA TIERRA
SINOPEC	CHINA	ANZOATEGUI-MEREY OCA OLEOƐ YOPALES SUR
PETROPARS/ PETRO-VENPERSA/ PETROECUADOR	IRAN/VENEZUELA/ ECUADOR	ANZOATEGUI-DOBOKUBI

PETROVIETNAM	VIETNAM	ZULIA-BLOQUE I LAGUNILLAS BLOQUE IX LAMA BLOQUE XIV LAMA
GAZPROMBANK/ NEFTEGAZ	RUSIA	ZULIA- LAGUNILLAS BACHAQUERO TIERRA SUR DEL LAGO BLOQUE V CENTRO BLOQUE V 10 CENTRO GUARA OESTE GUARA CENTRAL GG – 401 GM – 02 LEVAS LEJOS GANSO
BELORUSNEFT	BELARÚS	ANZOATEGUI SOTO NORTE SOTO ESTE MARIPI MARIPI CENTRAL MARIPI ESTE LA CEIBITA R ZULIA-BLOQUE LAMA I BLOQUE LAMA IV LAMA LAGO
PETRO SAUDI	ARABIA SAUDITA	ZULIA BLOQUE VI LAMA BLOQUE V CENTRO BLOQUE V 10 CENTRO SUR DEL LAGO
SUDAFRICA PETROSA	SUDAFRICA	ANZOATEGUI-QUIAMARE LA CEIBA ORIENTE CERRO PELADO LA VIEJA TÁCATA PATO MATA GRANDE

En realidad la política petrolera siguió siendo una herramienta de control político y del proyecto político expansionista del Socialismo del Siglo XXI, no abandonando así las tendencias neoliberales de la apertura petrolera de Caldera, sino que simplemente, cambió los actores y continuó la tradición de exacción de renta por parte del capital transnacional. La apertura petrolera ha sido el modelo vigente a lo largo de la historia de la explotación de este recurso, y las variaciones introducidas en las modalidades jurídicas (concesión, asociación, empresas mixtas) han introducido cambios superficiales en la forma en que ésta se ha adelantado.

Pero hasta ahora sólo hemos hablado de cómo ha sido manejado el petróleo hacia lo interno (política de producción y asociaciones para la producción), otra vertiente del control político obtenido a través del uso del petróleo como herramienta política han sido los diversos foros de cooperación económica y no es capricho colocar entre comillas la expresión, ya que conceptualmente, una cosa es la Cooperación (que no prevé sesión de soberanía) e integración económica, que luego puede trascender a la Política, que si la plantea, para transferirla a organizaciones supranacionales. La Cooperación planteada en el marco del Socialismo del Siglo XXI, es una similar a la establecida en tiempos de la Guerra Fría entre las potencias polares y sus países satélites. Los convenios de cooperación, se firman con países afines al proyecto político del Socialismo del Siglo XXI. Parte de la producción petrolera nacional va destinada a países miembros del ALBA (Alianza Bolivariana para los pueblos de América), PETROCARIBE;

Los lineamientos generales de la política petrolera contemplan seguir atendiendo los mercados tradicionales; seguir impulsando la integración energética regional a través de la creación de PETROCARIBE, PETROANDINA y PETROSUR como organismos de coordinación y garantía del suministro de crudo para los países involucrados; diversificar los mercados a nivel mundial más allá del continente Americano (Avalo, s.f.).

Sin embargo, el principal destino del petróleo venezolano (como lo ha sido tradicionalmente) sigue siendo Estados Unidos. Ni en los peores momentos de la relación binacional se ha detenido el suministro de petróleo a la costa este del país del norte "Estados Unidos siguió siendo el principal destino de las exportaciones petroleras venezolanas en 2012 pese a un leve descenso respecto al año previo" ("Venezuela vende su producción petrolera", *Petroguía*, 2013) esto puede atribuirse entre otras cosas, al hecho de que la relación comercial con Estados Unidos no es de Estado a Estado, sino de Estado (Venezuela) a compañías norteamericanas de capital privado.

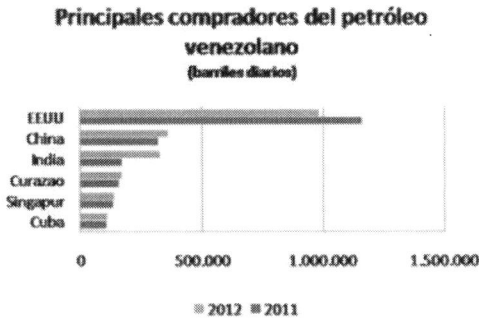

Figura 2.

Otro aspecto de las cifras manejadas por la opinión pública es que las mismas no coinciden dependiendo de la fuente que la maneje, si es una fuente oficial u organismos como la OPEP, o la Agencia de Energía de los Estados Unidos:

...según cifras de la OPEP, para el año 2008 se exportaban para América del Norte 1,5 millones de b/d. (51,78%), América

Insular 549 mil b/d. (18,95%), Centroamérica 40 mil b/d.
(1,38%), Suramérica 98,4 mil b/d. (3,38%), Europa 245 mil b/d.
(8,46%), África 23 mil b/d. (0,79%) y para el continente asiático
y países del pacífico un total de 422 mil b/d. (14,57). China representa para la política petrolera del gobierno de Hugo Chávez
Frías un cliente estratégico. Esa importancia radica en la identi-
ficación ideológica con la Revolución Bolivariana y el papel que
juega en el mercado petrolero mundial, gracias a los niveles de
crecimiento económico que este país ha tenido en los últimos
años (ibídem).

Si bien pueden parecer marginales los volúmenes de crudo en-
viados a estos países, no son marginales las condiciones de pago que
se le imponen, bajo la bandera de la cooperación latinoamericana
y caribeña, se han dado toda clase de beneficios a los países asociados, en detrimento de los intereses de los nacionales venezolanos. El
viceministro hondureño de Comercio, Melvin Redondo durante el
gobierno del presidente Porfirio Lobo (posterior al derrocamiento
de Manuel Zelaya), dijo a Efe que "Petrocaribe establece el pago de
hasta 60% de la factura del crudo que vende Venezuela a sus socios
en el mecanismo con una financiación de 25 años, pero a un 2% de
interés". ("Honduras dice que Venezuela", *El Universal*, 2013)

La indetenible carrera al alza de los precios internacionales del
petróleo trajo para la estatal PDVSA, una bonanza que le permitió un
importante flujo de recursos financieros al ejecutivo. "Desde el 2000,
el petróleo ha aportado en promedio más del 51% del total de los
ingresos fiscales nacionales. En 2006, éste aporto el 56% de tales ingresos". El petróleo representó el 77% del total del valor de las exportaciones venezolanas en 1997; en 2006, representó el 89%. En 2006,
el gobierno nacional recibió de la estatal petrolera 39 mil millones de
dólares, un 44% más con respecto a los 25 mil millones trasferidos

durante el año 2005. Lo que parece significar un gran logro es sin embargo el más estrepitoso fracaso de la historia de la explotación petrolera en Venezuela. Lejos de sembrar el petróleo como advertía y sugería Uslar Pietri, incrementamos significativamente la dependencia de este recurso y no conforme con esto "Ya para cerrar, desde 1998 a 2011 el PIB de Venezuela creció en promedio anual 2,4%; es decir, menos que en las otras economías de la OPEP, salvo Libia cuyo PIB cayó 28% en 2011 por la guerra; menos que Latino América, que creció 3,0% en promedio anual en el período, y menos que el mundo 2,7%" (García, 2012). La política petrolera emprendida por el gobierno de Hugo Chávez ha sido efectiva en varios aspectos: ha logrado retener para el Estado la propiedad de la empresa petrolera, ha recuperado la participación del Estado en la renta petrolera, ha reformado el marco legal para las nuevas inversiones privadas y ha logrado el repunte de los precios internacionales. A pesar de estos importantes logros, la economía venezolana permanece anclada en un modelo primario exportador que la hace estrechamente dependiente de los vaivenes del mercado mundial petrolero.

Lo anteriormente expuesto en torno al negocio petrolero venezolano, deja entender que pese a la transformación del Estado venezolano en un acérrimo enemigo del imperialismo yanqui y de las transnacionales, este sigue enviando constantemente petróleo a la nación del Norte, siendo ésta la que mejor paga su factura; no es un cambio de política petrolera; es un cambio de actores en un sentido (compañías asociadas para la explotación del petróleo en Venezuela), y por otro lado la incorporación de nuevos clientes al mercado venezolano, todos consecuentes con la praxis discursiva del presidente venezolano.

Política Exterior

Desde los propios inicios del gobierno revolucionario, cuando el presidente Hugo Chávez participaba en la III Cumbre de las Américas, celebrada en la Ciudad de Quebec, Canadá del 20 al 22 de Abril del 2001, se mostró la vocación revisionista del nuevo gobierno venezolano. Esta cumbre tenía como principal propósito preparar la redacción de la Carta Democrática Interamericana. Chávez propuso el concepto de democracia participativa como sustituto del concepto de democracia representativa; esta idea tuvo su argumentación en el documento presentado por Venezuela posterior a esta cumbre, en Washington el 29 de mayo de 2001, este documento comprendían una serie de sugerencias que el representante del gobierno venezolano ante la OEA, hacía para la posterior redacción de la Carta Democrática, entre estas sugerencias se encontraba:

La necesidad de incluir el concepto de Democracia Participativa en la Carta Democrática, que actualmente se considera en el marco de la OEA, debería estar fuera de discusión. Está implícito en un mandato ineludible de la Asamblea General de esta organización, contenido en la Resolución AG/RES. 1684 (1999), adoptada en el XXIX Periodo de Sesiones, celebrado en Guatemala… "La Democracia Representativa se refuerza y profundiza cuando la participación de los ciudadanos se expresa de manera permanente y cotidiana. La Democracia Participativa, por tanto, constituye un componente indisoluble de la vida democrática y contribuye al enriquecimiento de la Democracia Representativa (Organización de Estados Americanos, 2001).

Esta propuesta estuvo acompañada de toda clase de señalamientos contra, la para entonces vigente propuesta del ALCA (Área de Libre Comercio para las Américas), esta propuesta de los Estados Unidos pretendía convertirse en un acuerdo de liberación arancelaría para de esa forma, permitir la libre circulación de bienes, por lo cual fue catalogada por el presidente venezolano como una forma de opresión neoliberal.

Distintos líderes de América Latina durante la década de los noventa, se habían inclinado por adoptar los lineamientos del llamado

Consenso de Washington como una fórmula para superar los problemas del subdesarrollo en sus países. Dichos lineamientos fueron sintetizados por el investigador estadounidense John Williamson, en los siguientes términos: **1.** disciplina fiscal conducente a la reducción de los déficits, **2.** establecer prioridades en el gasto público, **3.** reforma impositiva, **4.** liberalización financiera, 5. tasa única de cambio, 6. liberalización comercial, 7. promoción de la inversión extranjera, **8.** privatización, **9.** desregulación o desmontaje de las barreras a la competencia, y **10.** Garantía a los derechos de propiedad.

Parece ser ésta la receta de manejo económico ortodoxo a la que se opuso principalmente Chávez, considerándola una máscara para esconder el expansionismo imperialista yanqui, desde la perspectiva de Chávez el ALCA, constituía la herramienta para formalizar el Consenso de Washington. Contrarios a este modelo de desarrollo, otros líderes, vinculados con la izquierda, se embarcaron en una cruzada anti neoliberal a través de instituciones como el Foro de Sao Paulo, el cual fue promovido, entre otros, por Fidel Castro y el cual contó con la participación inicial del grupo guerrillero FMLN de El Salvador, el Sandinismo de Nicaragua, el Partido de los Trabajadores de Brasil, el Frente Amplio de Uruguay, el Partido Democrático Revolucionario de México, el Frente Grande de Argentina y Causa R de Venezuela. Posteriormente se sumarían otros al grupo, como los representantes de las FARC, ELN y M19; todos estos grupos guerrilleros colombianos y, según se ha dicho de manera insistente, Hugo Chávez Frías una vez sobreseído por Rafael Caldera en 1994. Estas son las nuevas bases de apoyo internacional del modelo del Socialismo del Siglo XXI. En páginas anteriores de este mismo capítulo, habíamos señalado como las bases de apoyo político interno, migraron de las estructuras formales como los partidos políticos a las Fuerzas Armadas y los movimientos sociales. De igual Forma estos movimientos sociales de carácter transnacional y los jefes políticos de otros Estados, que simpaticen ideológicamente con el proyecto político del Socialismo del Siglo XXI, constituyen el soporte de apoyo internacional del modelo.

La visión y los objetivos internacionales que se ha propuesto Hugo Chávez Frías, lo empujan a la disidencia. Su énfasis en la promoción de un mundo multipolar sencillamente lo coloca en tal posición. Su prácticamente injustificable periplo por Rusia, Irán, Bangladesh, China, Malasia e Indonesia encaja perfectamente bien dentro de esa estrategia de promoción política. Visitas éstas que, por lo demás, curiosamente coincidieron con las de otros integrantes del Foro de Sao Paulo a algunos de los mismos lugares: Fidel Castro a Argelia, Irán, Malasia, Qatar y Libia; el ex guerrillero y Secretario General de la OPEP, Alí Rodríguez, a Rusia; y Lula da Silva a China. Por encima de los grupos regionales tradicionales de los que hace parte Venezuela (ALADI, Comunidad Andina, y el Grupo de los Tres), la meta más acariciada por Chávez en materia de integración económica, es la incorporación de Venezuela en el Mercosur. En 1996, el gobierno de Rafael Caldera trató de incorporarse al acuerdo en términos similares a los de estos dos países, pero no se pudo concretar el intento por objeciones tanto de la Comunidad Andina de Naciones (CAN) como de la central gremial de los empresarios venezolanos (FEDE-CAMARAS), quienes condicionaron la entrada a MERCOSUR al principio de la Convergencia, es decir, a formar un solo bloque regional a partir de CAN-MERCOSUR. Las razones por las cuales Chávez pretende ingresar a MERCOSUR, son totalmente diferentes a las de Rafael Caldera; primero Chávez se separa de la CAN por diferencias ideológicas con Colombia y Perú, países que negociaban un Tratado de Libre Comercio con los EEUU; segundo, en MERCOSUR se encuentran socios ideológicos de Chávez como el Brasil de Lula y la Argentina de Kirchner.

Hoy, Venezuela se encuentra fuera de su foro de integración comercial natural (la CAN) y tras los eventos políticos que sacaron del poder el presidente Paraguayo Fernando Lugo (simpatizante de Chávez, pero con un parlamento opositor en su país, el cual impedía la entrada de Venezuela en MERCOSUR), Venezuela pasó a convertirse en miembro del bloque, ya que los Estados miembros aprobaron su ingreso posterior a la suspensión del Paraguay; posteriormente Paraguay retornaría al MERCOSUR tras la realización de elecciones.

El principal obstáculo para la integración plena de Venezuela a Mercosur consistía en que, su membrecía en la CAN, implicaría la adhesión simultánea a dos uniones aduaneras, lo cual era inviable. Quedaba la alternativa de una negociación conjunta entre ambos bloques, pero Chávez consideraba esto excesivamente lento. Una vez retirada Venezuela de la CAN y salvado el obstáculo que significaba el parlamento paraguayo, el cual como se indicó, impedía el ingreso de Venezuela a MERCOSUR, quedó allanado el camino para que Chávez lograra el ingreso de Venezuela en este bloque. En cualquier caso, ha insistido en que guiará su política de integración por la Cruz del Sur y no por la Estrella Polar, haciendo clara alusión a Estados Unidos y a la Asociación de Libre Comercio de las Américas (ALCA).

Con constancia, coherencia y persistencia, Chávez ha venido trabajando para crear un mundo multipolar que minimice la influencia estratégica de los Estados Unidos. Los dos grandes objetivos de Hugo Chávez Frías en la esfera internacional son impresionantemente ambiciosos: la consolidación de un mundo multipolar y la integración plena de los países latinoamericanos para constituirse, justamente, en uno de los polos de ese nuevo esquema mundial.

Con el propósito de revertir a tradicional concentración de poder en los organismos internacionales y estimular la acción concertada de los países en vías de desarrollo, estimularemos la solidaridad y la cooperación entre todos los actores del sistema internacional, para que las directivas que de ella emerjan, sean el resultado de la interacción equitativa en la toma de decisiones mundiales. La mayor legitimidad que se deriva de esta democratización, permitirá contrarrestar las medidas unilaterales de carácter extra territorial… Teniendo claro el mandato constitucional de la integración, e importante resaltar que los desafíos que representa el desarrollo humano, las desigualdades sociales y los altos niveles de pobreza podrán abordarse con mayor eficiencia en la medida que los países de latino América y del Caribe, profundicen la integración regional y fomenten efectivamente tanto el dialogo sur-sur como el dialogo sur-norte. (Líneas Generales del Plan de desarrollo económico y social de la Nación 2001-2007).

El tercer gran objetivo, planteado en forma implícita, es llegar a ser él mismo, no sólo uno de los artífices, sino además uno de los grandes líderes del sistema internacional que estaría por emerger. La Integración Regional, que permitiría la concreción de un polo latinoamericano, sería una contribución de su gobierno a la emergente multipolaridad del sistema internacional en el siglo XXI. Con la conformación de ese polo, se alcanzaría plenamente el tercer gran objetivo planteado en forma tácita: la consolidación de Hugo Chávez como uno de los grandes líderes del mundo, un Simón Bolívar del siglo XXI, unificador de América Latina y libertador del subcontinente, frente a las pretensiones hegemónicas continentales y extra continentales.

UNA DIPLOMACIA PARALELA

Ya hemos ahondado suficientemente en las características ideológicas del proceso político venezolano iniciado en 1998, así como en sus principales diferencias con el la política exterior del período político previo (1958-1998). Sin embargo, ¿qué acciones ha acometido la cancillería venezolana en afán de exportar el modelo político que propone? ¿Qué instrumentos ha empleado para lograr tal objetivo? Parecería absurdo haber ahondado tanto en detalles de política interna de Venezuela en capítulos anteriores para describir su política exterior, pero las dudas se disipan cuando observamos que las acciones emprendidas por el gobierno venezolano a lo interno, tienen su réplica en la política exterior. Son dos caras de una misma moneda, constituyen un modelo que paulatinamente (con mayor o menor éxito) ha ido penetrando en algunos países de la región. La construcción de una red de apoyo internacional sustentada en programas sociales y una diplomacia paralela distinta a la diplomacia formal y tradicional donde los actores son los Estados; una diplomacia de movimientos sociales caracterizados por su simpatía con el marxismo, ha servido para propagar el modelo político venezolano a países como Ecuador, Bolivia y Nicaragua (todos miembros del ALBA), además de contar con el apoyo de países como Argentina, que si bien no ha ingresado al ALBA ha sido aliado importante del gobierno venezolano entre otros.

En este capítulo señalaremos las herramientas que han sido empleadas para promover e instalar este modelo político en otros países de la región, así como los países en los cuales ha sido implementado, e incluso, en donde han sido rechazados. Estructuras como los círculos bolivarianos, las Casas del Alba, la Coordinadora Continental Simón Bolívar; son algunas de las estructuras organizativas que iremos describiendo a lo largo de este capítulo y como su existencia, ha permitido consolidar nuevas organizaciones internacionales tendientes a desarrollar un mundo multipolar según señala el Primer Plan Socialista de la Nación 2007-2013 (p. 105).

Construcción de las Redes de Apoyo al Proyecto Bolivariano o del Socialismo del Siglo XXI

La consolidación de una red regional de apoyos al proyecto de la revolución bolivariana, no se llevaría a cabo a través de los órganos regulares de la diplomacia formal, dado que el mundo ha cambiado y ahora nos encontramos con una era global donde las fronteras son porosas y tremendamente interconectadas. Fue necesario primero, identificar grupos ideológicamente alineados con este proyecto, para después a través de ellos, penetrar en sus países en forma de programas sociales en materia de salud, deportes y educación, entre otros.

Existen varios indicios de que para el gobierno revolucionario son incomodas las relaciones con representantes de otros pueblos (representantes expresados en gobernantes legítimamente electos); una de las primeras luchas internacionales del gobierno de Hugo Chávez fue contra la democracia representativa. El gobierno venezolano presentó por primera vez la concepción de democracia participativa durante la XXIX Asamblea General de la Organización de los Estados Americanos, realizada en la Ciudad de Guatemala en junio de 1999. En efecto, en este foro el entonces Ministro de Relaciones Exteriores, José Vicente Rangel, adelantó un proyecto de declaración sobre democracia participativa que contrastó con la iniciativa norteamericana de fortalecer la tesis de la democracia representativa y de crear un grupo de países miembros de la OEA a fin de prestar asistencia institucional a países con problemas políticos. En su discurso, criticó a la OEA por no haber logrado materializar lo establecido en su carta fundamental, y también cuestionó a las democracias representativas, las cuales "han dejado en América Latina y el Caribe un saldo social muy calamitoso" (Organización de Estados Americanos, 1999, p. 145) y, en consecuencia, planteó la necesidad de una democracia social y participativa.

Durante el Trigésimo Primer Período Ordinario de Sesiones de la Asamblea General de la OEA, que reunió a 34 Ministros de Relaciones Exteriores del Hemisferio los días 3, 4 y 5 de junio del 2001, en San José de Costa Rica, Venezuela logró con la ayuda de los países del Caribe, el aplazamiento de las discusiones de la Carta Democrática Interamericana, cuya firma se tenía prevista para esta Asamblea General, según mandato de los Jefes de Estado y de Gobierno del hemisferio reunidos en la Cumbre de Québec. Ya en esta Cumbre de Québec, Chávez había firmado con reservas la declaración final por no haber incluido el término democracia participativa en sustitución de la democracia representativa.

La aprobación de la Carta fue pospuesta para un período extraordinario de sesiones de la Asamblea General, en Lima, Perú, que se llevó a cabo en el mes de septiembre de 2001, donde fue finalmente aprobada. Esta Carta, que se planteó como complementaria a la Cláusula Democrática aprobada en Canadá, busca reforzar los instrumentos existentes en la OEA (Resolución 1080 y Protocolo de Washington, especialmente) para la defensa activa de la democracia representativa; es decir, intenta definir con mayor precisión el procedimiento de suspensión de cualquier miembro cuyo régimen político no sea considerado como una democracia.

Para el canciller venezolano, Luis Alfonso Dávila, ese aplazamiento constituyó "una gran victoria" para el gobierno del presidente Chávez, y una "aplastante derrota" para aquellos países que calificó de "escuálidos" (refiriéndose a Estados Unidos, Canadá, Perú, Argentina, Colombia, México, Paraguay, Costa Rica y otros países centroamericanos) los cuales, en su opinión, "pretenden oponerse a la revolución venezolana y a la configuración de un sistema político latinoamericano de democracias participativas" (Cardozo, 2002, pp. 153-173).

Nótese que para el año 2001 Argentina, Perú, Colombia, Costa Rica y Paraguay eran considerados países no alineados con el proceso político venezolano. Sin embargo, esta situación cambiará o se suavizará con el tiempo y con los resultados de los planes sociales de alcance continental que implementó el gobierno venezolano.

En los países donde la línea de pensamiento político de los mandatarios era diametralmente opuesta a la del mandatario venezolano, se adelantaron contactos con los sectores opositores, especialmente de los movimientos de izquierda; cualquier gobernador o alcalde de izquierda opositor al gobierno central, se convertiría en un aliado para impulsar planes sociales promovidos desde el gobierno venezolano. Por ejemplo en Brasil en el año 2003 (previo a la victoria de Luíz Inácio Lula Da Silva, cuando el presidente del Brasil era aún Fernando Henrique Cardoso; el gobierno venezolano adelantó contactos con Roberto Requiao, gobernador del Estado de Paraná, así mismo durante la presidencia de Alejandro Toledo en el Perú fue Hernán Fuentes, Presidente de la Región de Puno, quien incluso habló de convertir su provincia en un Estado autónomo al tiempo que manifestaba su afinidad ideológica con Chávez (Fuentes fue condenado en 2013 a cuatro años de prisión por peculado doloso). Otros aliados fueron los parlamentarios ideológicamente afines al proyecto del Socialismo del Siglo XXI, éstos sirven para hacer lobby para Chávez en sus respectivos países, además de servir como facilitadores del acercamiento con los movimientos sociales, quienes constituyen en realidad el fin último de la diplomacia revolucionaria.

Por otra parte, se buscan intelectuales y académicos de izquierda y estos los ponen en contacto con los grupos de radicales en las universidades. Los diplomáticos venezolanos trabajan en función de estructurar y fortalecer la red Bolivariana y antiimperialista de América Latina.

Mecanismos que Articulan las Redes de Apoyo del Proyecto Político Venezolano

La diplomacia venezolana se maneja actualmente en dos líneas, la primera la tradicional y la segunda la paralela (que es llamada a lo interno de la Cancillería, la diplomacia bolivariana) esta última procura la ejecución de los objetivos geopolíticos planteados en el Plan Socialista Simón Bolívar (2007-2013); para funcionar de esta forma fue necesario ejecutar una serie de acciones a lo interno que incluyeron la reforma parcial a la Ley de Servicio Exterior, esta fue promulgada en Gaceta Oficial n° 38.241 del 2 de Agosto de 2005. Con esta reforma se le otorgó aún mayor discrecionalidad al Presidente de la República para efectos de nombramiento de misiones diplomáticas y esto a su vez implicó la progresiva desaparición del personal de diplomáticos de carrera; de esta manera la cancillería se convertiría en el instrumento de consolidación internacional del proyecto político venezolano. El entonces vice ministro de relaciones exteriores William Izarra, en una reunión realizada en la Casa Amarilla (sede de la cancillería) instó a los funcionarios que no simpatizasen con el proceso revolucionario a abandonar su carrera.

Chávez requería tomar el control absoluto de la cancillería, su proyecto es absolutamente expansionista y el momento para implementar la expansión sería a partir de 2004 posterior a su victoria en el referendo revocatorio al cual sometió su mandato. El proyecto fue expansionista desde el primer momento, si bien Chávez promueve su ideal político como el Socialismo del Siglo XXI, recordemos que además este Socialismo es Bolivariano y que Aníbal Romero ha identificado al menos tres componentes de la doctrina integracionista de Bolívar (el expansionismo del proyecto chavista pretende posteriormente integrar)

> ...la reconocida importancia de lograr apoyo extranjero y proyección internacional para la causa; la conciencia sobre la significación que para la política interna tiene la política exterior; y la trascendencia de los proyectos de unión para que la independencia no fuese un "factor de perturbación sino un elemento de equilibrio (Romero, 2005, pp. 1- 2)

En esos tres aspectos la política exterior del gobierno de Hugo Chávez tiene plena conciencia y actúa en consecuencia. Con relación a la primera premisa expresada por Aníbal Romero (ibídem), la imposibilidad de promover el concepto de democracia participativa en el seno de la OEA, limitaba el accionar de la política exterior venezolana en ese foro; por otro lado, la lucha contra la dominación imperial que para el gobierno significaba el ALCA, otorga una razón para crear el ALBA, la cual posteriormente pasaría de alternativa a alianza, dándole a esta una serie de connotaciones más allá de lo económico. Pero la citada organización sería solamente el inicio de una serie de mecanismos de integración, definidos más bien como cooperación económica asimétrica como PETROCARIBE, UNASUR y más recientemente la CELAC, las cuales vienen a ser la culminación de las aspiraciones de Hugo Chávez, un foro de diálogo político de todo el continente con la ausencia de Estados Unidos y Canadá.

En lo relacionado con la segunda premisa, ya hemos dicho que la Política Exterior Venezolana es reflejo de su política interna y viceversa, de modo que las acciones que se realicen a lo interno, serán respaldadas (al menos) por los miembros del ALBA; finalmente la independencia que pregona el gobierno venezolano se estabiliza en la medida que sus acciones internas son respaldadas por sus aliados ideológicos, haciendo énfasis en los principios de no intervención y autodeterminación de los pueblos, logrando así el respaldo internacional de sus acciones internas.

Para alcanzar estos objetivos, la política exterior venezolana ha instrumentado una serie de mecanismos, que como ya mencionamos anteriormente, se encuentran al margen de los medios tradicionales empleados por la Cancillería para ejecutar acciones de política exterior. Estos mecanismos son:

1. Congreso Bolivariano de los Pueblos

Es una estructura que promueve la participación de organizaciones populares campesinas e indígenas, movimientos sociales, obreros, desempleados, mujeres, hombres, juventudes, obreros, cooperativistas, entre otros, que propone constituirse en una instancia de apoyo a estos movimientos para promover, asesorar y acompañar la participación de los mismos en procesos electorales en sus respectivos países; procura también participar como observadores internacionales invitados en cualquier país donde exista, durante los procesos electorales en los cuales participen las organizaciones que aglutina.

Su intención es agrupar fuerzas políticas y sociales en toda América Latina y el Caribe, además de articular las luchas sociales de estos movimientos en función del bienestar de nuestros pueblos, así como la promoción de su autodeterminación. Fue fundada en el año 2003, con la realización de una reunión de este organismo e inmediatamente en el año 2004, hubo otra reunión. Ambas tuvieron por sede Venezuela. Pero no son exclusivamente los movimientos sociales los que participan de este congreso; gran cantidad de partidos de izquierda lo hacen, veinte países (o representantes de eso países) han participado en este foro. Sus dos únicas reuniones se realizaron en noviembre de 2003 y en diciembre de 2004. Este mecanismo el 1 de septiembre de 2003 se presentó en la Embajada de Republica Dominicana en Venezuela (durante su primera reunión) para solicitar la extradición del ex presidente venezolano Carlos Andrés Pérez, quien según ellos, efectuaba actividades conspirativas desde esa isla caribeña (para el momento que esto ocurre, Pérez ya era un anciano), sin embargo es característico de este tipo de foros realizar acciones que simplemente generaran algún golpe de opinión.

2. Coordinadora Continental Bolivariana

Durante un campamento juvenil en el año 2003 en las instalaciones de Fuerte Tiuna, se constituyó este mecanismo de acción internacional del gobierno venezolano. Aglutina en su seno organizaciones sociales estudiantiles y juveniles en todo el continente americano

Principios de Organización: El ideario bolivariano de igualdad, libertad, justicia, democracia, soberanía, antiimperialismo y unidad de los pueblos de América Latina y el Caribe, es lineamiento rector de la Coordinadora Continental Bolivariana. Propósito fundamental es impulsar procesos unitarios del movimiento popular, en espacios diversos, en torno a dicho ideario bolivariano. En Bolívar nos encontramos todos. Así, toda organización que desee converger en torno a propósitos derivados del ideario bolivariano, puede hacer parte de la Coordinadora Continental. Esto no implica la exclusión de personas y personalidades que estén en igual situación; con ellos la Dirección Ejecutiva establecerá especial relación y coordinación que permita estrechar cooperación y solidaridad en función de los objetivos trazados. No se admitirá a quienes contravengan los principios mencionados, o a quienes hayan actuado en franca oposición a los intereses populares... ("Coordinadora Continental Bolivariana", *Venezuela site,* 2006)

Estudiantes, obreros, movimientos indígenas, campesinos y grupos de izquierda de 30 países se dieron cita en Caracas para fundar el Movimiento Continental Bolivariano, que busca la unión de los pueblos de América frente a las arremetidas imperialistas, según los organizadores. Bajo el lema la unidad nos abrirá los caminos de la esperanza, frase del Libertador Simón Bolívar, este congreso mostró su determinación de defender la revolución venezolana de las amenazas imperialistas y de reforzar la lucha contra la bases militares yanquis establecidas en Colombia.

Los participantes se referían al reciente acuerdo firmado entre Bogotá y Washington que permitirá que tropas estadounidenses operen de forma controlada en siete bases militares del país sudamericano. Durante el encuentro en Caracas, se leyó una misiva de Alfonso Cano, líder de la guerrilla de FARC, en la que consideró que:

La constitución de este movimiento continental es un "deber inaplazable", y reiteró que el tratado firmado entre Colombia y Estados Unidos busca "desestabilizar" los procesos democráticos en América Latina. "Constituir un movimiento político continental, de esencia bolivariana, justo cuando el imperio estadounidense despliega su fuerza militar en Colombia y dispone, amenazante, sus aparatos de guerra y terror contra los pueblos latinoamericanos y caribeños, es no solo una necesidad histórica sino un deber inaplazable", escribió el fugitivo líder guerrillero ("Colombia: FARC se adhiere", *Infolatam,* 2009).

Esta carta leída durante este encuentro, no viene más que a rea-firmar lo que venía sucediendo algunos años atrás, "en el libro *Raúl Reyes, el Canciller de la Montaña*, el periodista José Gregorio Pérez dedica todo un capítulo a la estrategia de proyección internacional de las Fuerzas Armadas Revolucionarias de Colombia-Ejército Popular" (Coordinadora Continental Bolivariana, 2010). Esta se conforma como una estructura internacional que da organicidad y apoyo a la causa de las FARC y otros grupos similares. En Venezuela, varias organizaciones e instituciones gubernamentales comenzaron a darle forma a esa estructura, entre ellas el Frente de Luchadores Sociales Francisco de Miranda, Juventudes de Quinta República, Frente Cívico Militar, Movimiento Ana Karina Rote, Partido Comunista de Venezuela y la Federación de Familiares de Detenidos y Desaparecidos, además del Fondo de Garantías Sociales, todas son estructuradas dentro de la Coordinadora Continental Bolivariana.

El día miércoles 28 de febrero de 2008, concluyó con una marcha antiimperialista, el Segundo Congreso de la Coordinadora Continental Bolivariana, desarrollado en Quito entre los días 24 y 28 del presente, con la representación de delegaciones de todo el Continente, entre ellas las de Perú, Chile, Uruguay, Brasil, Ecuador, Colombia, Venezuela, México, Puerto Rico y República Dominicana, así como también de las delegaciones internacionales de Alemania, Italia y País Vasco.

El segundo congreso de la Coordinadora fue precedido por el Seminario Internacional actualidad de Bolívar y los próceres de la independencia, el cual profundizó sobre el origen y vigencia de la obra bolivariana. Posteriormente se iniciaron las actividades de esta importante reunión continental que incluyó el debate de dos días en mesas de trabajo, entre ellas la de pueblos originarios, medio ambiente, integración de los pueblos, medios alternativos, estrategia militar de Estados Unidos y líneas de solidaridad y acción, entre otras.

La principal resolución que emana de este Congreso es la transformación de la Coordinadora Continental en un Movimiento Continental Bolivariano, de carácter político-social, que articule las diversidades revolucionarias desde una estrategia común capaz de enfrentar y derrotar la estrategia imperialista y emancipar definitivamente a nuestra América (Coordinadora Continental Bolivariana, 2008).

3. Círculos Bolivarianos

Los círculos bolivarianos son la primera estructura de orden social que el gobierno de Chávez ordena conformar, a ellos se le atribuyen algunas acciones ejecutadas en defensa de la revolución bolivariana durante los sucesos de abril de 2002, cuando Hugo Chávez fue depuesto por 48 horas. Posteriormente, se convierte en uno de los instrumentos de la diplomacia social a través de la cual Venezuela comienza a construir su red de apoyo a nivel regional e internacional para el proyecto político que inicialmente se llamó revolución bolivariana. Lograron incursionar en casi todos los países de América Latina y algunos países europeos; hay círculos bolivarianos en el exterior, que funcionan amparados en alguna estructura de apoyo que desarrollan las embajadas de Venezuela en cada país donde se encuentra. En mayo de 2004 en Radio Nacional de Venezuela salió al aire un programa llamado *Bolivarianos sin Fronteras* el cual tenía por objetivo comunicar y servir de voz a los círculos bolivarianos en el exterior. Actualmente no existe el programa, sin embargo, los círculos bolivarianos existen. Muchos de estos círculos Bolivarianos han mutado, convirtiéndose en lo que hoy en Venezuela se conoce con el nombre de "colectivos" los cuales a su vez bajo pretexto de ser formas de organización social; constituyen grupos de choque con aquellos que se resisten a la imposición del modelo socialista. Se sospecha que a su vez, estos colectivos son bandas de crimen que dirigen extorsiones, secuestros y robos; con los cuales se financian.

4. Consejo de Movimientos Sociales del ALBA

La creación del Consejo de los Movimientos Sociales del ALBA-TCP permitiría, según el comunicado emitido en la VI Cumbre del ALBA (realizada en Caracas el 25 de enero de 2008); influir directamente en una relación pueblos- pueblos y pueblos-gobiernos, para beneficio de la población, que debe cumplir con la meta de erradicar la pobreza y aportar a la construcción de una sociedad más justa. Con ello se está dando piso institucional a la actuación de movimientos.

Con la presencia de voceros de 17 organizaciones nacionales, colectivos y movimientos de expresión más local, se constituyó oficialmente el 20 de mayo de 2011 en el núcleo cultural Nuevo Circo, el Consejo de Movimientos Sociales del ALBA-Capítulo Venezuela. Este espacio se viene construyendo todos los países del ALBA, para la participación protagónica del movimiento popular de la patria grande en esta plataforma de unidad continental en lucha contra el imperialismo y la defensa de la soberanía de nuestros pueblos.

La Alianza Bolivariana para los pueblos de Nuestra América, la ALBA, nace como una propuesta de integración de los pueblos contra la arremetida neoliberal en el continente con el lanzamiento del ALCA en 2001. Esta propuesta de integración, plantea que ante la competitividad del capitalismo, los pueblos plantean la complementariedad para avanzar juntos en la liberación. En esta perspectiva, desde el año 2007 en la V Cumbre del ALBA realizada en la ciudad de Tintorero, en el estado Lara, Venezuela, se plantea la conformación de un espacio de participación para los movimientos sociales y populares del continente que suscriben la propuesta política de integración del ALBA, asumiendo así el compromiso de conformar los Consejos de Movimientos Sociales, para que el ALBA, se enraíce y construya desde las bases populares (Prensa Consejo de Movimientos Sociales del ALBA - Capìtulo Venezuela, 2011)

Los principios que servirán de base de esta plataforma organizativa son la autonomía, el internacionalismo y la solidaridad con los pueblos en lucha, el respeto a la soberanía, el respeto a la soberanía popular, la integración y complementariedad, la autodeterminación de los pueblos, la equidad y la igualdad, y la corresponsabilidad para la constricción revolucionaria de la integración.

Entre las líneas de acción se encuentran: **1.** defensa de la soberanía de nuestros pueblos; **2.** contra la desnacionalización de los estados y las políticas neoliberales; **3.** por la construcción de nuevos modelos económicos basados en la justicia y la equidad; **4.** por formas de producción agrícolas que garanticen la soberanía alimentaria, que respete la vida y la madre tierra; **5.** impulso de la solidaridad entre los pueblos; **6.** por la lucha anti patriarcal, feminista y sexo-genero diversa; **7.** por la construcción de una cultura emancipadora; y 8. por la participación política de los pueblos en la construcción de un nuevo Estado; en las que se comprometieron a trabajar para la consolidación del ALBA y sus objetivos ("Consejo de Movimientos Sociales", *ALBA TV*, 2011).

5. Otras Estructuras de Integración Regional.

La capacidad económica del gobierno venezolano no sólo creó estos mecanismos de integración o cooperación social internacional, además se incorporó a estructuras ya existentes o colaboró activamente con grupos ideológicamente afines al proyecto del Socialismo del Siglo XXI. Las relaciones con grupos Armados como las FARC-EP y el ELN en Colombia, la presunta financiación de campañas electorales

de candidatos electorales de tendencia izquierdista en otros países de
la región y la participación en el Foro de Sao Paulo, son algunas de las
acciones que el gobierno de Hugo Chávez lleva a cabo en el marco de
la diplomacia paralela que hemos venido describiendo.

a) Relación con grupos armados

Desde su primer plan de gobierno Chávez mostraba su intención
de participar activamente en el proceso colombiano. En el capítulo
dedicado a la política exterior venezolana del Plan de Desarrollo Económico y Social de la Nación 2001-2007 en el subtítulo denominado
impulsar la multipolaridad del sistema internacional el aparte 5.1.4
dice: "continuaremos colaborando activamente en las negociaciones
de paz del conflicto interno colombiano e impulsaremos iniciativas
tendentes a fomentar la confianza, el dialogo, la solución pacífica de
controversias y la paz de la región".

Pero las relaciones binacionales durante el gobierno Socialista del
presidente Hugo Chávez, vivieron tensiones muy diversas originadas
en buena medida por las muestras de simpatía que Chávez mostraba
hacia los grupos subversivos colombianos. Cuando en el año 2002 el
Chávez fue derrocado temporalmente, la reacción del entonces candidato a la presidencia Álvaro Uribe (según Chávez), fue de simpatía
hacia el golpe.

Para el año 2003 (ya con Álvaro Uribe en ejercicio de la presidencia Colombiana) se presentan algunos malentendidos por los
frecuentes rumores sobre los nexos entre la guerrilla de las FARC y
el presidente venezolano y por el mantenimiento del asilo político
de Pedro Carmona (quien se juramentara como presidente en 2002
durante el derrocamiento temporal de Chávez) en Colombia. Chávez
planea una reunión con su homólogo y expresa "ahora, vamos a poner las cosas en su sitio, a respetarnos mutuamente, trabajar y construir juntos. Agradezco al presidente Álvaro Uribe la propuesta de

una reunión". Sin embargo, la captura del vocero internacional de las FARC, Rodrigo Granda, el 13 de diciembre en la capital venezolana, a la que Chávez calificó como "secuestro y violación a la soberanía de su país", produjo la primera fractura en las relaciones políticas de implicaciones económicas para ambos países. Su resolución se dio casi 20 días después, a partir de un comunicado del gobierno colombiano y la posterior visita de Uribe al Palacio de Miraflores. La reunión se retrasó 15 días por una afectación de salud del mandatario colombiano. Este es el primer gran rompimiento entre ambos países.

> Granda fue capturado el 13 de diciembre de 2004 en Caracas, Venezuela, en medio de un confuso operativo que causó contradicciones entre miembros de inteligencia de los dos países. Las autoridades colombianas aseguraron que el guerrillero -cuyo principal trabajo era viajar por el mundo difundiendo la ideología de las FARC y buscando apoyo para su causa- fue detenido por autoridades del vecino país y entregado a las colombianas en zonas de frontera. Sin embargo versiones de testigos señalaron que a Granda lo apresaron hombres con acento colombiano —al parecer caza recompensas— quienes habrían sido los que lo llevaron hasta Cúcuta ("Rodrigo Granda, primer beneficiado con la excarcelación", *Semana,* 2007).

Esto generó una gran molestia en el presidente venezolano, quien señaló que era una clara intervención del gobierno colombiano en territorio venezolano; por su parte Colombia nunca pudo afirmar que Chávez estaba en conocimiento de la permanencia de Granda en Venezuela.

Tras un año 2005 en el cual no hubo mayores sobresaltos en la relación, en 2006 el gobierno colombiano enfrenta la acusación de querer asesinar a Chávez según declaraciones de un ex paramilitar ante autoridades venezolanas. Supuestamente el ex director del DAS Jorge Noguera conocía anticipadamente el plan. Nunca prueba el intento de asesinato.

En septiembre de 2007, Uribe designa a la senadora colombiana Piedad Córdoba como facilitadora y al mandatario venezolano, como mediadores en el proceso de un eventual acuerdo humanitario con las FARC, estos se contactaron personalmente con voceros del grupo guerrillero, buscando la liberación de los secuestrados. Pero la operación Emmanuel en la cual se libera a Clara Rojas (compañera de cautiverio de la ex candidata presidencial Ingrid Betancourt) además de confusa, resulta un evento mediático en el cual el representante del gobierno Venezolano, Capitán de Navío retirado Ramón Rodríguez Chacín, trata de camaradas a los guerrilleros que entregan a Clara Rojas. Uribe da fin a la mediación de Chávez y Piedad Córdoba. Por su parte Chávez critica el hecho de no haber sido notificado personalmente. En sus intervenciones amenazó con congelar las relaciones binacionales y acusó a Uribe de estar fraguando una conspiración, actuando como cachorro del imperio norteamericano, una provocación bélica contra Venezuela. Chávez llamó a consultas a su embajador en Colombia.

El ataque de las Fuerzas Militares en el territorio ecuatoriano el 1 de marzo del 2008, que terminó con la vida del terrorista Raúl Reyes, produjo indignación en los gobiernos venezolano y nicaragüense. Este hecho agudizó la crisis en las relaciones, que ya estaban tensas, entre Colombia y Venezuela. Chávez ordenó movilizar 10 batallones a la frontera con Colombia, acción que no pasó de ser simbólica. Por su parte, Uribe amenazó con denunciar en una corte internacional al mandatario venezolano por el patrocinio a terroristas. Lo que no aclaró el presidente de Colombia, es cuándo lo haría y qué argumentos presentará ante la Corte. Tampoco aclaró si pensaba emprender esta misma denuncia contra el otro dirigente en discordia, Rafael

Correa, presidente de Ecuador ("Colombia denunciará a Hugo Chávez", *Noticias 24*, 2008).

El 7 de marzo de 2008 durante la Cumbre de Río (República Dominicana), se rebaja la tensión en las relaciones después de un demagógico discurso de Chávez que derivó en abrazos entre los mandatarios.

En mayo de 2008 en la prensa internacional se divulga información supuestamente extraída del computador de Raúl Reyes, que compromete al mandatario venezolano con el auspicio económico a las FARC. El 15 de mayo el director interino de la INTERPOL, Ronald Kenneth, asegura que los archivos de los computadores no han sido manipulados. Pese a haberlo negado hasta el cansancio, acompañando sus argumentos con toda clase de epítetos hacia el presidente Uribe y su ministro de defensa Juan Manuel Santos; en junio de 2008, Chávez da un giro de 180° respecto de las FARC. Luego de la certificación que la INTERPOL hizo del contenido de los computadores de Raúl Reyes, el discurso de Chávez dio un vuelco inesperado. El 8 de junio en su programa Aló, Presidente, afirmó "que a estas alturas en América Latina está fuera de orden un movimiento guerrillero armado y eso hay que decírselo a las FARC", y pidió una liberación de los secuestrados sin condiciones. Uribe agradeció este gesto. Finalmente se realizó la reunión de este viernes, 11 de julio, entre Uribe Y Chávez, en territorio venezolano. Llama la atención que las dos crisis diplomáticas hayan tenido como telón de fondo a las FARC y que Venezuela haya argumentado la defensa de la soberanía.

b. Financiación a Campañas electorales

Son muchos los rumores o presunciones que se hacen en este tema, básicamente sustentados en la opacidad en el manejo de los fondos públicos por parte del gobierno venezolano y, en las inocultables simpatías que el Presidente venezolano demuestra hacia sus similares en el plano ideológico. Tal y como fue referido por las autoridades encargadas de verificar la autenticidad de la información extraída de las computadoras del conocido comandante guerrillero Raúl Reyes (FARC), asesinado en marzo de 2008 en territorio ecuatoriano, la organización guerrillera FARC habría contribuido con cierta cantidad de dólares a la campaña presidencial de Hugo Chávez en 1998. Pero en este caso nos ocuparemos de referir la presunta injerencia del gobierno venezolano en los asuntos internos de otros gobiernos, mediante el financiamiento de sus respectivas campañas electorales.

En este sentido, ha sido pública la información facilitada por la conocida organización WIKILEAKS, de acuerdo a datos contenidos en el cable #153018, enviado en 2008 y firmado por Robert J. Callahan, embajador de los Estados Unidos en Nicaragua, transmitido confidencialmente al Departamento de Estado, en donde señalaba que el presidente de Nicaragua, Daniel Ortega, habría recibido financiamiento de las redes internacionales del narcotráfico, así como del presidente venezolano Hugo Chávez.

De, WIKILEAKS hace referencia al caso de Paraguay, el cual, de acuerdo a cable confidencial remitido por el embajador de ese país al Departamento de Estado de los Estados Unidos, se manejaban serios rumores de que el candidato a la presidencia, Fernando Lugo, en 2007, "recibió una oferta de financiamiento para su campaña electoral de parte de la embajada de Venezuela en la Asunción, y de que éste habría manifestado su interés en contar con ella".

El portal digital venezolano Noticias 24, aseguró que durante la pasada campaña presidencial en el Perú, la esposa del candidato Ollanta Humala recibía 36 mil dólares anuales del diario venezolano The Daily Journal advirtiendo que tal periódico en inglés, antes independiente, se había convertido en afecto al régimen de Hugo Chávez luego de ser adquirido por Julio Augusto López, de origen peruano, quien contribuyó a la campaña presidencial de Humala.

Un partido político peruano ha pedido que se investigue a Nadine Heredia, la esposa del líder nacionalista Ollanta Humala, por presuntamente recibir dinero de un diario chavista y de una agencia de valores. Los montos se ubicarían en los 4 mil dólares mensuales ("Los polémicos pagos", *Noticias 24*, 2009).

Otro sonado caso que podemos mencionar, se refiere al conocido bajo el nombre del maletinazo, o valijagate, en donde al venezolano - americano Guido Antonini Wilson, le fuera decomisado por las autoridades aeroportuarias argentinas, un maletín contentivo de 790.550 dólares, presuntamente como un aporte del presidente de Venezuela para financiar a la candidata presidencial Cristina Kirchner, en la contienda electoral Argentina.

Hasta Europa ha llegado el dinero del erario público venezolano para financiar proyectos políticos, se habla de más de siete millones de Euros que habría entregado el mismo Hugo Chávez a los "profesores" de la Universidad Complutense de Madrid Pablo Iglesias y Juan Carlos Monedero. Con este dinero se sustentó la creación de una fundación dedicada a promover el pensamiento político de izquierda en España. Dicha fundación se convertiría en el Partido Politico "PODEMOS". Esta organización política por su parte, no disimula en lo absoluto su simpatía por el proceso político venezolano; por el contrario, la manifiesta y celebra abiertamente.

Son muchas otras las denuncias que se han visto respecto al financiamiento de campañas electorales por parte del gobierno venezolano a candidatos de países como Bolivia, Ecuador, México y hasta Colombia, entre otros. No obstante, los ejemplos antes señalados son suficientemente claros, particularmente el caso español, como para reconocer que indistintamente de la dificultad de demostrar fehacientemente la responsabilidad en todos los otros casos.

c. Foro de Sao Paulo

Si bien ya fue nombrado en Capítulos anteriores, el Foro de Sao Paulo es importante señalar que este foro para el momento de su fundación en 1990 sólo tenía un miembro que se encontraba ejerciendo el poder en su país, este era el Partido Comunista Cubano, con la intención de congregar a los movimientos de izquierda de Latinoamérica, junto con el Partido Comunista Cubano, el otro Fundador es el Partido de los Trabajadores del Brasil. También llama la atención, la aparición de este grupo justo después de la caída de la Unión Soviética; al parecer fue una necesidad del gobierno cubano, en cabeza de Fidel Castro para obtener apoyo internacional una vez fenecido el sistema comunistas soviético.

Veinte años más tarde casi todos su miembros han llegado al poder vía elecciones. Sin embargo, es notorio que ese ascenso al poder ocurre después del año de 1998, cuando Hugo Chávez gana en Venezuela.

LAS COSAS QUE NOS UNEN EN LA CAUSA SOCIALISTA

Pese a ingentes recursos invertidos en toda la región para promover la doctrina conocida como el Socialismo del Siglo XXI, pocos son los países que han asumido esta como doctrina política ideológica. Sin embargo algunos países de la región han asumido esta doctrina, desde el punto de vista ideológico o al menos, mediante el constante apoyo público al modelo político venezolano. Básicamente los países más cercanos al Socialismo del Siglo XXI son los miembros de la Alianza Bolivariana para los pueblos de América (ALBA TCP). Estos países asumen total o parcialmente, características del modelo político venezolano implementado por Hugo Chávez. Por ejemplo, para Venezuela sería una herejía asumir el dólar como moneda oficial; sin embargo, es la moneda en curso de uno de sus aliados, Rafael Correa, presidente del Ecuador. Por otro lado, el presidente Correa ha tenido posiciones muy duras, al extremo de confrontar a medios de comunicación independientes.

En este capítulo evaluaremos algunos aspectos de los países más cercanos al gobierno venezolano, al tiempo que determinaremos algunas características comunes que puedan orientarnos sobre el ¿Por qué? El modelo ha sido asumido por algunos países y en otros no. Para realizar esta tarea nos enfocaremos en hacer una breve descripción de algunos aspectos históricos de estos países y a la vez indagar ¿qué aspectos ideológicos característicos del Socialismo del Siglo XXI, han podido atraer a esas naciones? Nos enfocaremos en los países miembros del ALBA, para posteriormente fijarnos en los países no adheridos al bloque, pero simpatizantes y finalmente fijarnos en los que definitivamente no se han incorporado.

La propuesta del ALBA la formuló por primera vez el Presidente de la República Bolivariana de Venezuela, Hugo Chávez Frías, en el marco de la III Cumbre de Jefes de Estado y de Gobierno de la Asociación de Estados del Caribe, celebrada en la isla de Margarita, al noreste de Venezuela, en diciembre de 2001. Sin embargo, ya en la III Cumbre de las Américas realizada en Quebec en abril de ese mismo año, el primer mandatario venezolano había atacado la iniciativa del ALCA.

No es sino hasta el 14 de Diciembre de 2004 cuando en la ciudad de la Habana se firma de creación del ALBA como Alternativa Bolivariana para los pueblos de América; recordemos que para esta fecha ya Chávez ha superado los severos problemas de gobernabilidad que se presentaron en Venezuela entre los años 2002 y 2003, y apenas en agosto de 2004 vence en un referéndum revocatorio al cual fue sometido su mandato. Es a partir de este año 2004 cuando Chávez profundiza varios cambios en la orientación política de su gobierno. Particularmente la política exterior daría un giro significativo y el ALBA es una de sus expresiones más notorias.

Revisemos un poco el primer aliado de Venezuela en el ALBA. Cuba es un país gobernado desde 1959 por Fidel Castro Ruz, inequívocamente una dictadura de corte comunista. Cuba es constante referencia para Hugo Chávez.

Esta afirmación la hace en marzo de 2000, durante el acto de despedida y agradecimiento a la delegación de médicos cubanos que participó en Venezuela para prestar apoyo tras las copiosas inundaciones que azotaron el estado Vargas en el litoral central venezolano durante diciembre de 1999.

Pero esta es apenas la primera de una larga lista de elogios que el primer mandatario venezolano haría al modelo político cubano y a su conductor Fidel Castro. El 30 de Octubre del año 2000 se firma el primer acuerdo de cooperación entre los gobiernos de Venezuela y Cuba durante la Administración Chávez, los artículos 2, 3 y 4 del Acuerdo de Cooperación Integral Venezuela Cuba son esclarecedores para entender como la afinidad entre Hugo Chávez y Fidel Castro, llevaron al Estado venezolano a firmar un convenio en condiciones tan desfavorables para Venezuela.

Artículo II

En aplicación del presente Convenio, la República de Cuba prestará los servicios y suministrará las tecnologías y productos que estén a su alcance para apoyar el amplio programa de desarrollo económico y social de la República Bolivariana de Venezuela, de los cuales esta no disponga y previa solicitud de acuerdo con el listado contenido en el Anexo I, que se entenderá como parte integrante de este convenio. Tales bienes y servicios serán definidos cada año, según el acuerdo de ambas partes, precisando el monto monetario, las especificaciones, regulaciones y modalidades en que serán entregados. Estos bienes y servicios serán pagados por la República Bolivariana de Venezuela, en el valor equivalente a precio de mercado mundial, en petróleo y sus derivados.

Artículo III

La República Bolivariana de Venezuela se compromete a proveer a la República de Cuba a solicitud de ésta y como parte de este Convenio Integral de Cooperación, bienes y servicios que comprenden asistencia y asesorías técnicas provenientes de entes públicos y privados, así como el suministro de crudos y derivados de petróleo, hasta por un total de cincuenta y tres mil (53.000) barriles diarios. Estos volúmenes serán presentados en un programa de nominaciones, de carácter trimestral y anualizado por las empresas CUPET y CUBAMETALES a PDVSA en las cantidades y condiciones que se establecerán anualmente entre Las Partes, tomando como referencia las bases del Acuerdo Energético de Cooperación de Caracas. Las ventas ser realizarán bajo los contratos tipo de PDVSA en condiciones CIF para cada uno de estos tipos de crudo y derivados. Los precios serán determinados por el mercado en base a las fórmulas aplicables. Las ventas serán sobre las bases de un esquema de financiamiento mixto de corto y largo plazo, utilizándose las escalas aplicables al Acuerdo Energético de Caracas, que es la siguiente: Precio promedio de realización/venta por barril de crudo en dólares estadounidenses

15 (ajuste: 5%), 20 (ajuste: 10%), 22 (ajuste: 15%), 24 (ajuste: 20%), 30 (ajuste: 25%)

La anterior fórmula será aplicada al resto de los combustibles y lubricantes. Todo lo relativo al financiamiento de corto y largo plazo, se regirá de conformidad con lo dispuesto en el Anexo II que se entenderá como parte integrante de este Convenio.

Artículo IV

Disposición Especial La República de Cuba ofrece gratuitamente a la República Bolivariana de Venezuela los servicios médicos, especialistas y técnicos de la salud para prestar servicios en lugares donde no se disponga de ese personal. Los médicos especialistas y técnicos cubanos en la prestación de sus servicios en la República Bolivariana de Venezuela ofrecerán gratuitamente entrenamiento al personal venezolano de diversos niveles que las autoridades soliciten. La parte venezolana cubrirá los gastos de alojamiento, alimentación, transportación interna. El gobierno de Cuba garantizará a todos los galenos y demás técnicos sus salarios y la atención adecuada a los respectivos familiares en la Isla (Vásquez, 2010).

No faltaron ocasiones para que Chávez se explayara en elogios hacia el gobierno cubano. Si miramos aún más atrás, Chávez visitó a Fidel Castro al poco tiempo de salir de la prisión tras su fracasado golpe de Estado. Pero enfocándonos en Cuba, esta isla caribeña es un vestigio de la Guerra Fría, con más de cincuenta años bajo un régimen en el cual solo existe un partido político. Leer el preámbulo de la constitución cubana nos da una idea de la orientación marxista leninista que el gobierno cubano ha impuesto a sus ciudadanos. Son recurrentes frases como la construcción del socialismo, anti imperialismo, anti colonialismo e incluso alusiones directas al imperialismo yanqui. Estas expresiones se han hecho comunes en Venezuela. El Artículo 5 de la constitución cubana erige al Partido Comunista de Cuba como el órgano supremo de la revolución, y este partido a su vez ha sido presidido por Fidel Castro Ruz por casi cincuenta años. Del articulado de la constitución cubana tomamos en particular uno que llama su atención por la cantidad de controles que impone y que reitera en su redacción:

Artículo 19.- El Estado reconoce la propiedad de los agricultores pequeños sobre las tierras que legalmente les pertenecen y los demás bienes inmuebles y muebles que les resulten necesarios para la explotación a que se dedican, conforme a lo que establece la ley. Los agricultores pequeños, previa autorización del organismo estatal competente y el cumplimiento de los demás requisitos legales, pueden incorporar sus tierras únicamente a cooperativas de producción agropecuaria. Además pueden venderlas, permutarlas o trasmitirlas por otro título al Estado y a cooperativas de producción agropecuaria o a agricultores pequeños en los casos, formas y condiciones que establece la ley, sin perjuicio del derecho preferente del Estado a su adquisición, mediante el pago de su justo precio. Se prohíbe el arrendamiento, la aparcería, los préstamos hipotecarios y cualquier acto que implique gravamen o cesión a particulares de los derechos emanados de la propiedad de los agricultores pequeños sobre sus tierras. El Estado apoya la producción individual de los agricultores pequeños que contribuyen a la economía nacional (Constitución de la República de Cuba, 1992).

Los agricultores pequeños (sin definir que es grande o pequeño) tienen derecho a hacer todo lo que previamente el Estado les autorice hacer y además están autorizados a vender sus tierras únicamente al Estado previa cancelación del precio justo que en definitiva es decidido por el Estado, entre otras cosas la idea de precio justo data del siglo XII, cuando Santo Tomás de Aquino asumió el tema.

Este tipo de gobierno expresado en este artículo de la constitución cubana (y en el resto de su articulado) da claras evidencias del carácter invasivo de la acción del Estado cubano sobre la vida de sus nacionales. Tal vez los hechos históricos en torno a la conformación de Cuba como Estado, han propiciado el carácter de atribuir sus males a algún agente externo; recordemos que Cuba obtiene su independencia casi a inicios del siglo XX (1998) y desde 1902 permanece bajo la tutela de los Estados Unidos para posteriormente en 1961, tras el derrocamiento de Fulgencio Batista, Fidel Castro declararía su revolución como socialista, lo cual en medio de la guerra fría dejaría a la isla bajo la tutela de la URSS hasta el año de 1989.

Esta situación de precariedad, pudo haber abonado el terreno para que Fidel Castro llegase al poder en Cuba en enero de 1959, bajo la promesa de una verdadera y definitiva emancipación del pueblo cubano, manteniéndose hasta la fecha el gobierno en aquel entonces instaurado; hoy a la cabeza el hermano de Fidel, Raúl Castro. En definitiva, es un hecho inobjetable que en Cuba gobierna un sistema totalitario desde hace cincuenta y cinco años el cual junto con

Venezuela han conformado una alianza de carácter político, económico e ideológico que se muestra como modelo a seguir en la región.

El 29 de abril de 2006, se suma al ALBA Bolivia, ya bajo el gobierno del líder sindicalista cocalero Evo Morales, quien había asumido la presidencia de Bolivia apenas tres meses antes. Bolivia es un país que ha sufrido desde su fundación un gran número de guerras, si bien su independencia se atribuye a las gestas emancipadoras emprendidas por Simón Bolívar y de hecho Bolivia se asume como país bolivariano; también su independencia posee una fuerte influencia de la Argentina. De allí que posterior a la declaración de independencia, el poder en Bolivia se vio disputado por facciones provenientes de grupos allegados a la Argentina contra otros simpatizantes del Perú. El establecimiento definitivo de la República no terminó con las disputas.

El siglo XX boliviano, continuó entre las disputas entre sectores políticos identificados con la izquierda revolucionaria, militares conservadores y gobiernos que pese a haber controlado una inflación que llegó a alcanzar 4 cifras en 1985; fueron catalogados de neo liberales. En definitiva ninguno de estos gobiernos logró disminuir la brecha social en un país donde el 45% de su población es mestiza o blanca, y el otro 55% es indígena. Para el año 2005 BBC Mundo, publicó un artículo titulado *Bolivia pobreza y desigualdad*, el reportaje firmado por la periodista Mariana Martínez y presentado el 13 de Julio de 2005 (en medio de una crisis de protestas sociales impulsadas por Evo Morales y su partido Movimiento al Socialismo) mostraba cifras del Banco Mundial como las siguientes.

Las estadísticas del BM muestran que el Producto Interno Bruto (PIB) per cápita anual en Bolivia asciende a unos US$2,460 (uno de los más bajos de la región), mientras que más de la mitad de la población vive por debajo de la línea de pobreza (según datos de 2002), es decir, no cuenta con lo mínimo indispensable para cubrir sus necesidades básicas de consumo. En las zonas rurales, los que hacen malabarismos para sobrevivir día a día ya representan el 80% de la población. El BM calcula que Bolivia es el país de la región con mayores problemas de desigual distribución de la riqueza.

Las cifras son alarmantes. El 20% más pobre de los bolivianos tiene una tasa de mortalidad infantil más alta que la de Haití, Kenia, Nigeria y Camerún, pero el 20% más rico del país tiene tasas comparables a las del mundo desarrollado. El 14,4% de la población vive con menos de un dólar al día, mientras que un 34,3% lo hace con dos dólares diarios. Entre los más pobres, están los que trabajan en el campo y los que pertenecen a las sociedades indígenas. Y es justamente este grupo el que históricamente ha quedado excluido de las estructuras de poder. La pobreza va de la mano del desempleo. Según datos del Instituto Nacional de Estadísticas (INE) de Bolivia, la tasa de desempleo alcanzó un 8,7% de la población económicamente activa en diciembre de 2004. El Centro de Estudios para el Desarrollo Laboral y Agrario (CEDLA) maneja una cifra más abultada de desempleo, que llega al 11,6%.

Bolivia llega a esta precaria situación tras la revolución de 1952 la cual introdujo una serie de reformas económicas que trajeron consigo una exagerada participación del Estado en la economía:

La Revolución introdujo cambios económicos, sociales y políticos que incluyeron la nacionalización de las minas, la reforma agraria, la repartición de las propiedades de los terratenientes del occidente del país o la definición del derecho de voto a todos los hombres y mujeres mayores de 21 años. Estas medidas apuntaban a crear una sociedad más igualitaria la misma que, sin embargo, no logró consolidarse por el surgimiento de nuevas élites y grupos de poder que concentraban los beneficios económicos en pocas manos (Vera, 2005).

Nuevamente la exagerada participación del Estado genera un proceso de involución, pobreza y desigualdad la cual persiste hasta esta situación reflejada por el Banco Mundial en el año 2005, la cual propició el acercamiento entre el gobierno venezolano y el entonces dirigente opositor boliviano Evo Morales. Este triunfa en las elecciones de 2005 en un marco en el cual los partidos políticos tradicionales se ven agotados, la economía constriñe la vida cotidiana y la conflictividad social es elevada, circunstancias muy similares a las que llevaron al poder a Hugo Chávez.

Morales no ha ocultado en modo alguno su simpatía con el proceso político venezolano y son abundantes los señalamientos que la prensa hace acerca de los apoyos económicos que recibe del gobierno venezolano, se presume que estos apoyos comienzan a otorgarse desde su candidatura a la presidencia; sin embargo, no se encontró evidencia que respalde este señalamiento. En todo caso, Morales ha afianzado su poder con propuestas idénticas a las ejecutadas por Hugo Chávez, desde la convocatoria a una Asamblea Constituyente, pasando por las nacionalizaciones hasta la implementación de lo que en Venezuela se conoce como misiones sociales.

Además, la nacionalización de los hidrocarburos y la convocatoria a la Asamblea Constituyente fueron temas claves en los que el MAS tuvo todas las de ganar, ya que la credibilidad de los otros partidos en estas temáticas era muy baja. Finalmente, hay que subrayar una capacidad de respuesta rápida e inteligente por parte del MAS a la propaganda negativa que hacían sus contrincantes…. El gobierno ha utilizado esta renta para implementar el bono "Juancito Pinto" y el bono "Dignidad": el primero destinado a los niños para que sigan estudiando y el segundo para las personas de la tercera edad. Estas no son las únicas medidas sociales que ha tomado el gobierno. En el campo de la educación se llevó adelante una importante campaña de alfabetización. Asimismo en el campo de la salud, contando con ayuda de Cuba y Venezuela, se construyó centros de salud y se atendió a personas de escasos recursos. Estas medidas y otras están contribuyendo a incrementar la estima que siente la población por el gobierno del MAS (De la Fuente, 2011).

Pese a que Evo Morales ha logrado estabilidad en Bolivia durante los últimos años, los índices de desigualdad siguen siendo elevados:

Bolivia ocupa los últimos lugares entre los países latinoamericanos en varias áreas de desarrollo, como la pobreza, la educación, la fertilidad, la desnutrición, la mortalidad, la salud y la esperanza de vida. Como positivo, más niños están siendo vacunados y las mujeres embarazadas están recibiendo cuidado prenatal y profesionales de la salud calificados atienden sus partos. La desigualdad de ingresos en Bolivia es la más alta de América Latina y una de las más altas del mundo. La educación pública es de mala calidad, y las oportunidades de educación están entre los más desigualmente distribuida en América Latina, con niñas y niños indígenas y rurales con menos probabilidades de saber leer y escribir o de completar la escuela primaria. La falta de acceso a servicios de educación y de planificación familiar ayuda a mantener una alta tasa de natalidad en Bolivia - aproximadamente tres hijos por mujer. La falta de agua potable y saneamiento básico, especialmente en las zonas rurales, contribuye a problemas de salud. Casi el 7% de la población de Bolivia vive en el extranjero, principalmente para trabajar en Argentina, Brasil, España y Estados Unidos. En los últimos años, las políticas de inmigración más restrictivas de Europa y los Estados Unidos han aumentado el flujo de emigrantes bolivianos a la vecina Argentina y Brasil (Central Intelligence Agency, s.f).

El cuarto país en incorporarse al ALBA es Nicaragua, lo hace el 11 de Enero de 2007, apenas un día después de que el ex guerrillero Sandinista Daniel Ortega quien asumió la presidencia de Nicaragua para el periodo 2007-2011 tras vencer en los comicios de noviembre de 2006 con poco más del 37% de los votos.

Nicaragua no escapa de su origen hispano, tras su independencia el país se sumió en la anarquía cruzado por guerras entre caudillos locales que buscaron hacerse con el poder.

En resumen, en vísperas de inicio de la guerra civil de 1854, Nicaragua cumplía sus primeros 33 años de vida independiente colmados de anarquía, con guerras intestinas y luchas a muerte generalmente inducidas y organizadas por cabecillas — los siempre «iluminados caudillos» — llenos de ambiciones personales por el control del poder. El pueblo se encontraba mucho más pobre que antes de la independencia (Fundación Enrique Bolaños, s.f.).

Sin embargo, Nicaragua cuenta además con condiciones geográficas especiales, y ya para mediados del siglo XXI era la primera opción para la construcción de un canal de navegación inter oceánico; esto hizo que Nicaragua además recibiese influencia de Inglaterra y Estados Unidos, los cuales mostraron aspiraciones de controlar el país centroamericano hacia 1848. Pero además Nicaragua atravesó circunstancias especiales en la segunda mitad del siglo XX. En 1978 estalla una efímera Guerra civil que derroca un año más tarde la dictadura casi dinástica de los Somoza en la persona de Anastasio Somoza quien había recibido el poder de su hermano mayor Luis, quien a su vez había recibido la presidencia de su padre quien gobernó Nicaragua desde 1934. El líder de la guerrilla marxista que derroca a Somoza era el comandante guerrillero Daniel Ortega, quien preside la Junta de Reconstrucción Nacional. Ortega pierde las elecciones presidenciales en Nicaragua en los años 90, 96 y 2001, hasta que finalmente alcanza la presidencia en el año 2006. Según el libro de hechos mundiales de la CIA, "La infraestructura y la economía de Nicaragua fueron afectadas por la guerra civil anterior y por el huracán Mitch (1998), poco a poco están siendo reconstruidas, pero las instituciones democráticas se han debilitado durante el gobierno de Ortega" (Central Intelligency Agency, s.f.). Tal vez, la culminación de ese debilitamiento institucional se plasma en la aprobación el 29 de enero del año 2014 de la reforma total de la constitución, permitiéndole a Ortega reelegirse indefinidamente.

La Asamblea Nacional de Nicaragua, controlada por el gobernante Frente Sandinista, aprobó este martes en su totalidad una reforma a la Constitución que garantiza al presidente Daniel Ortega la reelección indefinida, lo que ha despertado preocupación por la democracia en este país centroamericano. En una carta pública firmada por cinco ex cancilleres nicaragüenses, estos afirmaron que la reforma viola acuerdos internacionales suscritos por Nicaragua, relacionados al respeto a la democracia representativa, los derechos humanos, la separación de poderes y la alternabilidad en el poder. La reforma "debilita aún más la institucionalidad democrática de Nicaragua», alertaron ("El presidente Daniel Ortega", *El País Internacional,* 2014).

Finalmente (no porque el ALBA no posea un número mayor de miembros), mencionaremos al quinto miembro del bloque ideológico. Ecuador ingresa al ALBA el 24 de Junio del año 2009, apenas dos meses después de haber sido reelecto Correa para el cargo de presidente. Su primer triunfo electoral es en el año 2006 y su periodo debía culminar en el año 2011, sin embargo Correa impulsa una asamblea constituyente que le da al Ecuador una nueva constitución que ordenaba relegitimar todos los cargos de elección popular. Las elecciones se llevaron a cabo el 26 de Abril de 2009, Correa vence con el 52% de los votos y una vez consolidado en el poder se anexa al ALBA.

Es recurrente en los países hasta ahora mencionados su origen hispánico y la profunda inestabilidad política y económica que sufren estos países tras proclamar su independencia; en el Ecuador desde solo desde 1830 hasta entrado el siglo XX hubo quince golpes de Estado. Pero la situación no cambio el siglo pasado cuando se presentan veinte eventos de golpe de Estado, y tres más desde el año 2000 hasta el último en 2010, que a pesar de no haber desplazado el gobierno de Correa, es considerado por éste como un intento de golpe. El evento de 2010 fue una protesta protagonizada por policías que exigían aumento de salarios. Los periodos de estabilidad política más prolongados no alcanzan a los veinte años. Un trabajo de Esperanza Morales López, de la Universidad de a Coruña (Galicia, España) sintetiza esta realidad:

Correa se inserta en el año 2006 en el contexto de la izquierda latino americana (pese a haber sido ministro de economía de su predecesor Alfredo Palacios González), logra desmarcarse de la clase política que había gobernado y crea el partido Alianza país cuyo eslogan era por la Revolución ciudadana. La constante inestabilidad política previamente señalada permite a Correa llegar a la presidencia bajo la premisa reiterada en sus discursos de "hay que cambiar este país." (http://ele-cuatoriano.net/2014/09/11/la-semiotica-del-discurso-politico/)

Correa además logró acercarse a la población indígena de su país, y explotar en ellos el discurso en contra de los blancos (que son minoría en el Ecuador), Mestizo (mezcla Amerindio y blanco) 71.9%, Montubio 7.4%, Afro ecuatoriano 7.2%, Amerindio 7%, blanco 6.1%, otros 0.4% (2010 censo) (Central Intelligency Agency, s.f).

En los países miembros del ALBA podemos encontrar similitudes en cuanto a los procesos políticos históricos que ha tocado vivir a cada país así como en las características de sus poblaciones; sin embargo, una de las características más reveladoras son sus economías.

Son economías centralizadas, monodependientes, cuyos gobiernos además han impuesto severas restricciones al emprendimiento, a la inversión privada y a las inversiones libres de capitales foráneos. Pudiésemos hablar de la amplia inversión hotelera española en la isla de Cuba, así como podemos observar que es el gobierno quien discrimina quienes invierten y quienes no, en materia de turismo en la isla. Igualmente los socios comerciales del negocio Petrolero en Venezuela han cambiado significativamente y pese a que aún existen compañías tradicionales explotando petróleo en Venezuela, también es cierto que el gobierno ha despedido muchas e incorporado al negocio nuevas compañías provenientes de países ideológicamente allegadas al gobierno venezolano (Ver tabla N° 2).

En líneas generales podemos apreciar ciertas características comunes en estos países que los hacen susceptibles de abrazar la tesis del Socialismo de Siglo XXI como modelo político aplicable. Mención especial debe recibir Honduras que bajo el mandato del expresidente Manuel Zelaya se incorporó al ALBA, sin embargo, esta medida quedó sin efecto cuando fue depuesto por una decisión de la suprema corte de Honduras. Zelaya promovía una consulta popular para alterar la constitución Hondureña e incluir la reelección presidencial en la constitución.

CLASIFICACIÓN MUNDIAL DE LIBERTAD ECONÓMICA

Posición	País	Puntaje general	Posición	País	Puntaje general	Posición	País	Puntaje general
1	Hong Kong	88.6	66	Panamá	64.8	132	Maldivas	53.9
2	Singapur	87.8	67	Tailandia	63.9	133	Burundi	53.9
3	Nueva Zelanda	81.6	68	Kazajistán	63.6	134	Surinam	53.8
4	Suiza	81.0	69	Samoa	63.5	135	Togo	53.6
5	Australia	80.3	70	Filipinas	63.1	136	Guinea	53.3
6	Canadá	78.0	71	Ruanda	63.1	137	Bangladés	53.3
7	Chile	77.7	72	Ghana	63.0	138	Grecia	53.2
8	Irlanda	77.3	73	Trinidad y Tobago	62.9	139	Mozambique	53.2
9	Estonia	77.2	74	Kuwait	62.7	140	Papúa Nueva Guinea	53.2
10	Reino Unido	76.4	75	Francia	62.3	141	Comoras	52.4
11	Estados Unidos	75.4	76	Seychelles	62.2	142	Sierra Leona	52.3
12	Dinamarca	75.3	77	Serbia	62.1	143	Liberia	52.2
13	Lituania	75.2	78	Arabia Saudita	62.1	144	China	52.0
14	Taiwán	74.7	79	Turquía	62.1	145	Guinea-Bisáu	51.8
15	Mauricio	74.7	80	Sudáfrica	61.9	146	Malaui	51.8
16	Países Bajos	74.6	81	Namibia	61.9	147	Micronesia	51.8
17	Alemania	74.4	82	Guatemala	61.8	148	Etiopía	51.5
18	Baréin	74.3	83	Paraguay	61.5	149	Tayikistán	51.3
19	Luxemburgo	73.9	84	Kósovo	61.4	150	Haití	51.3
20	Islandia	73.3	85	Marruecos	61.3	151	Nepal	50.9
21	Chequia	73.2	86	Italia	61.2	152	Lesoto	50.6
22	Japón	73.1	87	Madagascar	61.1	153	Rusia	50.6
23	Georgia	72.6	88	República Dominicana	61.0	154	Argelia	50.1
24	Finlandia	72.6	89	Vanuatu	60.8	155	Laos	49.8
25	Emiratos Árabes Unidos	72.6	90	Eslovenia	60.6	156	Angola	48.9
26	Suecia	72.0	91	Azerbaiyán	60.2	157	Bielorrusia	48.8
27	Corea del Sur	71.7	92	Costa de Marfil	60.0	158	Birmania	48.7
28	Austria	71.7	93	Sri Lanka	59.9	159	Ecuador	48.6
29	Malasia	71.5	94	Suazilandia	59.7	160	Bolivia	47.4
30	Botsuana	71.1	95	Tonga	59.6	161	Islas Salomón	47.0
31	Bahamas	70.9	96	Kirguizistán	59.6	162	Ucrania	46.8
32	Noruega	70.8	97	Bután	59.5	163	Rep. Dem. del Congo	46.4
33	Colombia	70.8	98	Líbano	59.5	164	Chad	46.3
34	Catar	70.7	99	Indonesia	59.4	165	Kiribati	46.2
35	Israel	70.7	100	Mongolia	59.4	166	Uzbekistán	46.0
36	Letonia	70.4	101	Benín	59.3	167	Timor Oriental	45.8
37	Macao	70.1	102	Uganda	59.3	168	República Centroafricana	45.2
38	Santa Lucía	70.0	103	Croacia	59.1			
39	Polonia	69.3	104	Burkina Faso	59.1	169	Argentina	43.8
40	San Vicente y las Granadinas	68.8	105	Gabón	59.0	170	Guinea Ecuatorial	43.7
41	Uruguay	68.8	106	Zambia	58.8	171	Irán	43.5
42	Chipre	68.7	107	Fiyi	58.8	172	Congo	42.8
43	España	68.5	108	Bosnia-Herzegovina	58.6	173	Eritrea	42.7
44	Bélgica	68.4	109	Nicaragua	58.6	174	Turkmenistán	41.9
45	Barbados	68.3	110	Tanzania	58.5	175	Zimbabue	38.2
46	Jordania	68.3	111	Senegal	58.1	176	Venezuela	33.7
47	Macedonia	67.5	112	Camboya	57.9	177	Cuba	29.8
48	Jamaica	67.5	113	Honduras	57.7	178	Corea del Norte	2.3
49	Perú	67.4	114	Túnez	57.6	N/A	Afganistán	N/A
50	Costa Rica	67.4	115	Kenia	57.5	N/A	Irak	N/A
51	Brunéi	67.3	116	Nigeria	57.5	N/A	Libia	N/A
52	Omán	67.1	117	Moldavia	57.4	N/A	Liechtenstein	N/A
53	Dominica	67.0	118	Belice	57.4	N/A	Somalia	N/A
54	Armenia	67.0	119	Gambia	57.1	N/A	Sudán	N/A
55	Malta	66.7	120	Santo Tomé y Príncipe	56.7	N/A	Siria	N/A
56	Eslovaquia	66.6	121	Mali	56.5	N/A	Yemen	N/A
57	Cabo Verde	66.5	122	Brasil	56.5			
58	Hungría	66.0	123	India	56.2			
59	Albania	65.9	124	Yibuti	56.0			
60	Bulgaria	65.9	125	Egipto	56.0			
61	Rumania	65.6	126	Pakistán	55.9			
62	México	65.2	127	Guyana	55.4			
63	El Salvador	65.1	128	Mauritania	54.8			
64	Portugal	65.1	129	Níger	54.3			
65	Montenegro	64.9	130	Camerún	54.2			
			131	Vietnam	54.0			

PUNTAJE DE LIBERTAD ECONÓMICA

- 80-100 LIBRE
- 70-79.9 MAYORMENTE LIBRE
- 60-69.9 MODERADAMENTE LIBRE
- 50-59.9 MAYORMENTE CONTROLADA
- 0-49.9 REPRIMIDA

TABLA 3. Índice de libertades económicas global 2013.

Fuente: Miller y Kim, 2013.

Las reformas constitucionales, la prolongación de los periodos presidenciales y la reelección presidencial son normas que los países que se incorporan al modelo aplican. Al respecto, la politólogo Uruguaya Viviana Padelin, quien escribe un artículo titulado *La receta del Foro de Sao Paulo o Fases del Neo comunismo o del Socialismo del Siglo 21*, en este artículo se señala la reforma a la constitución como uno de los elementos de lo que el autor llama segunda fase, etapa de implantación y consolidación. Si bien los pasos que señala Padelin en su artículo no son aplicados en cada país en ese orden, hace un excelente intento para sistematizar las tácticas que el proceso político del Socialismo del Siglo XXI emplea.

UNA AMENAZA LATENTE

Si algo es innegable, es que Venezuela, y en general América Latina, vive un proceso político sin igual. Lo que ocurre en Venezuela es referencia en varios países de la región, los cuales han cerrado filas con el gobierno revolucionario pase lo que pase; no importa si se trata de protestas reprimidas o de un pésimo desempeño económico más que evidente a lo interno y ante los ojos del mundo, no importa si Chávez llega a la tribuna de oradores de la ONU y dice "Huele a Azufre"; ¡No importa! Los países del ALBA votaran en bloque donde sea a favor de Venezuela.

El estudiar la dimensión ideológica del Socialismo del Siglo XXI, nos encara ante una serie de enigmas y contradicciones a la vez que nos hace entender el por qué este modelo político ha tenido vigencia por quince años en Venezuela. Errores del pasado, falta de ideas a la hora de encarar los problemas y en buena medida la negación a llamar las cosas por su nombre, bien sea por ignorancia o por conveniencia.

Haciendo un repaso de los capítulos previos, comenzamos por la falta de bibliografía acerca de la política exterior venezolana del periodo chavista, artículos de prensa y trabajos para revistas académicas cada uno con una perspectiva distinta. Si bien todos coinciden en el cambio de orientación de esa política exterior, cada autor coloca un matiz distinto a esa nueva orientación. Es claro que el proyecto del Socialismo del Siglo XXI es de carácter EXPANSIONISTA y TRANSNACIONAL: *para el modelo, la patria es América y es en América donde se va a propagar.*

El carácter inicialmente bolivariano de la revolución le va a llevar a buscar penetrar los países bolivarianos, pero su posterior carácter socialista lo llevará a buscar incidir sobre el resto de los países de la región. Chávez vio una oportunidad de apoyo en varios países pequeños de la región mediante lo que la historia política venezolana conoce como petro-política y aprovechó esa oportunidad de la mejor forma posible. La política exterior venezolana en la etapa previa al chavismo (1958-1998), había impactado en la región de una u otra forma, tal vez la única característica común de la política exterior venezolana, durante ese periodo había sido la capacidad de maniobra de Venezuela en el ámbito internacional soportada por su condición de país petrolero.

Sin embargo, no todos los presidentes emplearon esa herramienta, de hecho en cuanto al uso de la petro-chequera Chávez se asemeja enormemente al ex presidente Carlos Andrés Pérez (contra quien Chávez intentó el golpe de Estado de 1992). La política exterior venezolana previa al chavismo pasó de la doctrina Betancourt con la cual se cortaban relaciones con países del signo ideológico que fuese cuyos gobierno no hubiesen sido electos democráticamente, al pluralismo ideológico de Rafael Caldera, de la hiperactividad de Carlos Andrés Pérez, a la política exterior de bajo perfil de Jaime Lusinchi, quien no tuvo la fortuna de sus predecesores en el uso del petróleo como arma diplomática y fue víctima de la heredar un país sumido en una grave crisis económica.

Venezuela durante el periodo previo al chavismo fue protagonista de la creación de bloques de integración como lo fueron el Grupo de los Tres (G3) (Colombia, México y Venezuela) y la Comunidad Andina de Naciones (CAN); en estos tuvo una participación activa así como en los procesos de paz desarrollados en Centro América por el Grupo Contadora. Esas Alianzas tuvieron un carácter pragmático orientado a objetivos concretos del interés nacional, tal como entiende el interés nacional la política exterior tradicional en cualquier país del mundo (costo de la alianza-beneficios). Es en este punto donde entra la teoría de Alexander Wendt (2005) del constructivismo social. Venezuela cambia sus alianzas tradicionales, cambia su identidad y cambia su concepto de interés nacional.

Durante el gobierno de Chávez la hiperactividad de la diplomacia petrolera y la conformación de alianzas y bloques de integración son hechos recurrentes; sin embargo, los objetivos que se persiguen son distintos. Los nuevos objetivos no están orientados a la obtención de beneficios tangibles en lo económico o social, estos objetivos se enmarcan en la necesidad de reflejar la nueva identidad a través de las nuevas alianzas, o los nuevos esquemas de negocios. Para la política exterior venezolana lo importante no es obtener beneficios económicos sino aliados ideológicos-políticos, prueba de ello los convenios y acuerdos suscritos inicialmente con Cuba que posteriormente se extendería a los países del ALBA y a otras formas de asociación como PETROCARIBE. Venezuela también promovió la creación de otros foros de cooperación bajo la etiqueta de integración regional como lo es la CELAC (Comunidad de Estados Latino americanos y Caribeños), una réplica de la OEA sin Estados Unidos ni Canadá y la UNASUR (Unión de Naciones Sur Americanas); sin embargo, esas estructuras más que constituirse en bloques de integración con algún objetivo común, han desdibujado u opacado la actuación del bloque regional por naturaleza como lo es (o fue) la OEA.

En este punto y pese a que esta investigación partió orientada por la tesis del constructivismo social, es pertinente incluir como parte de las características de la política exterior venezolana la teoría crítica de las relaciones internacionales formulada por Robert Cox (1984). En esta teoría que es básicamente la doctrina marxista aplicada a las relaciones internacionales, se puede explicar cómo opera la política exterior no sólo de Venezuela sino de los países simpatizantes de la tesis del Socialismo del siglo XXI. Según Cox (ibídem) se requieren tres elementos **1.** Una ideología o proyecto a implementar, **2.** Recursos económicos y **3.** Una estructura sobre la cual desarrollar el proyecto histórico. Es aquí donde entran el ALBA, PETROCARIBE, UNASUR o CELAC. Son estructura paralelas creadas para soportar o al menos legitimar cualquier acción que ejecuten sus socios ideológicos que buscan generar un cambio social de la estructura internacional, que ha sido históricamente desigual e injusta.

De esta forma, instituciones como la OEA pierden fuerza a la hora de aplicar algún tipo de sanción, tan siquiera para ejecutar llamados de atención a sus países miembros. La capacidad de la OEA se ha reducido a tal extremo que sus delegados de Derechos Humanos, no pueden viajar a un país para verificar la situación de los DDHH sin autorización del gobierno de ese país, la Carta Interamericana Democrática no tiene el cómo ser aplicada y además Cuba es invitada a volver a la OEA a pesar de que en Cuba no se cumple ninguno de los preceptos de este documento. Ante semejante indefensión la OEA como institución, queda severamente comprometida y el protagonismo pasa a los nuevos foros que han emergido de la mano del gobierno revolucionario venezolano.

De esta forma los nuevos foros a su vez miembros de la OEA, no solo apoyan las acciones de los gobiernos que los conforman a lo interno, sino que además los apoyan a la hora de discutir temas como persecuciones políticas, represión, libertad de expresión, posibles sanciones a los gobiernos, en fin, derechos humanos en general. Se protegen no solo en el seno de los organismos paralelos sino también dentro de la OEA. De esta forma, instrumentos, como la Carta Democrática Interamericana, han quedado convertidos en letra muerta, algo así como los artículos 333 y 350 de la Constitución de la República Bolivariana de Venezuela, artículos que todos saben que están en la constitución pero nadie sabe cómo aplicar.

En tal condición está la carta democrática de la OEA, todos la conocen, todos la suscribieron (excepto Cuba) pero únicamente se aplicó en el caso de Honduras, caso en el que por demás la destitución del Presidente Zelaya fue ordenada por la Suprema Corte de Justicia de ese país y ratificada en el seno del parlamento. No coincidencialmente, fueron los países del ALBA los que presionaron en el seno de la OEA para aplicar la carta a Honduras.

Zelaya era un firme candidato a introducir el modelo del Socialismo del Siglo XXI en Honduras y por eso no es casual que fuesen los países del ALBA los que más presión ejercieron para expulsar a Honduras de la OEA tras la destitución de Zelaya.

Situaciones como las protestas de los policías ecuatorianos demandando mejores salarios, han sido definidas en el ALBA como golpes de Estado y finalmente han recibido el mismo trato en la OEA. La identidad de país revolucionario y antiimperialista creada por los intereses de la Política Exterior venezolana han sido traspasados al resto de los países que acarician el ideal del Socialismo del Siglo XXI. La Argentina de los Kirchner pese a no haberse incorporado al ALBA, se define como revolucionaria y progresista y al igual que Venezuela, achaca todos sus malos a alguna conspiración imperial. De igual forma el Uruguay de Mujica, y manifiesta simpatía pero mantiene distancia el Brasil de Lula y Rousseff.

El caso de Brasil es interesante, el proyecto de política exterior del Brasil, si bien no es expansionista si supone su búsqueda de ejerccr control sobre la sub región (América Latina) esto a la vez le permite establecer una relación de mayor nivel con los Estados Unidos. Brasil no se incorpora al ALBA, pero sí a UNASUR y CELAC. Siendo la economía más fuerte del mayor bloque de integración comercial de la región, facilitó el ingreso de Venezuela a este bloque en la primera oportunidad que el Paraguay (cuyo parlamento impedía el ingreso de Venezuela a MERCOSUR) salió del organismo por un caso similar al de Honduras. Fue reincorporado una vez que hubo elecciones y un nuevo presidente. El Paraguay salió fue expulsado del MERCOSUR luego que su presidente Fernando Lugo fuese destituido por el parlamento paraguayo por cometer violaciones a la constitución paraguaya. El mecanismo de destitución por vía del Parlamento también se encuentra contemplado en la constitución de ese país.

Volviendo a Brasil, si su proyecto consiste en controlar la región y el modelo del Socialismo del Siglo XXI ha generado pobreza e instituciones débiles en los países que lo han implementado, bien le vale al Brasil apoyar estos gobiernos mientras las economías de los mismos no signifiquen competencia para la de Brasil.

Al iniciar esta investigación existía la tentación de descalificar el Socialismo del Siglo XXI como modelo político aplicable, sin embargo, al comparar los componentes ideológicos del modelo con algunas de las características de los países latino americanos y en particular de los que ingresaron al ALBA, se demuestra que las características del modelo son fácilmente exportables a otros países de la región.

Si bien la exacerbación del culto a Bolívar es una característica de Venezuela, Colombia, Ecuador y Bolivia, son países Bolivarianos como también Panamá y en menor medida el Perú, que si bien reconoce el papel de Bolívar como Libertador, da mayor importancia a José de San Martín. El usar a Bolívar como elemento de cohesión social ha sido efectivo en Venezuela y puede serlo en otros países de la región en la medida de que en el nombre de Bolívar provea soluciones de carácter utilitario.

No en vano los instrumentos de diplomacia paralelos empleados por la política exterior venezolana usan el nombre de Bolívar, Coordinadora Simón Bolívar, círculos bolivarianos, etc. Estos instrumentos de diplomacia paralela han sido manejados como elementos para adoctrinar ideológicamente o para ofrecer beneficios de carácter utilitario (salud, infraestructura o apoyo económico), todo en nombre de la revolución bolivariana.

Del mismo modo el discurso antiimperialista goza de profundo arraigo en los países de América hispana (no así en Brasil) de modo que el acusar a España o a los Estados Unidos, a sus costumbres o al modo de vida capitalista, de todos los males de la sociedad es fácilmente aceptado precisamente por quienes se han visto privados de disfrutar de los beneficios del capitalismo. Irónicamente son sus gobiernos los que impiden a sus nacionales, alcanzar prosperidad económica y son estos en definitiva los que de forma más virulenta propagan y asimilan el discurso anti imperial.

Dos características fundamentales del Socialismo del Siglo XXI son la concentración de poder y el modelo de producción que en definitiva le da nombre el socialismo. Ambos se complementan mediante lo que desde la perspectiva de este trabajo es la visión del arquitecto del modelo el argentino Norberto Ceresole (1999). Para él es vital disolver las instituciones de intermediación de poder entre el caudillo y el pueblo. Esa fórmula le resultó a Chávez en Venezuela y está en ejecución en otros países de la región donde se pretende implementar el modelo.

Lamentablemente para Venezuela la débil institucionalidad heredada del periodo previo, fue incapaz de resistir y evitar su disolución, en otros países como Nicaragua ya fue aprobada la reelección indefinida del presidente de la República; en Ecuador y Bolivia aún se libran luchas institucionales aunque al parecer (y no está definido al momento de culminar este trabajo) el Socialismo del siglo XXI logrará sus objetivos.

La concentración de poder se complementa con el sistema de producción socialista ya que este último concentra los medios de producción en manos del Estado. En Venezuela el desmantelar el aparato productivo ha sido relativamente fácil pese a los elevados costos políticos y económicos que esto ha significado; sin embargo, en otros países el no contar con las ingentes sumas de dinero provenientes del petróleo les hace ser más prudentes y mesurados a la hora de tomar decisiones sobre las capacidades productivas de la nación.

Solo en un país como Venezuela el gobierno ha podido sustentar un modelo rentista, populista, demagógico y clientelar gastando a manos llenas, generando dependencia en grandes sectores de la población. Además esa posibilidad de contar con un "comodity" como el petróleo, le ha permitido al gobierno venezolano expandir su proyecto a otros países; aquí nuevamente corresponde citar a Robert Cox. Con esta posibilidad (la económica) se completa el triángulo de expansión que Cox describe en su teoría crítica de las relaciones internacionales, una ideología o proyecto (socialismo del siglo XXI), una estructura (las organizaciones paralelas a las tradicionales promovidas por el gobierno venezolano) y finalmente la capacidad económica para promover la ideología y mantener la estructura.

De modo que, pese a como hemos plateado en párrafos anteriores pudo existir la tentación de descalificar al Socialismo del Siglo XXI, como un modelo político aplicable en América Latina, la verdad es que es exitoso, se ha extendido y su penetración en la región le ha permitido mantenerse por al menos desde el año 2005 y que seguirá sosteniéndose en la medida que la identidad del gobierno venezolano refuerce el interés del gobierno sea este interés o no compatible con el interés nacional; en este caso el interés nacional es el interés del gobierno.

El no emplear las prácticas tradicionales de la política occidental, o al menos de las democracias liberales occidentales, no necesariamente significa que el modelo socialista esté condenado a fracasar, más aún cuando la definición de triunfo o fracaso depende de quién defina el triunfo. Para el modelo del Socialismo del Siglo XXI, cel triunfo al parecer consiste en expandirse y mantenerse políticamente hablando, usando a la economía tan solo como un mecanismo de mantenimiento, mientras que para sus adversarios el expandir un modelo político determinado en otros países de la región no parece prioritario o siquiera importante.

El Socialismo del Siglo XXI, sus instrumentos de política exterior, sus estructuras internacionales de integración o cooperación existen, son parte de la América Latina contemporánea, y al parecer convivirán con nosotros por el tiempo suficiente para profundizar aún más las brechas existentes entre los grupos que son el motor de su lucha ideológica entre los burgueses y el proletariado.

BIBLIOGRAFIA

Academia Nacional de la Ingeniería y el Habitat. (2013, febrero 04). PDVSA entregó 63 campos petroleros entre los años 2009-2011. Boletín informativo electrónico. Recuperado de: http://www.acading.org.ve/info/publicaciones/noting/NOT-ING-3-198.pdf

Avalo, G. (s.f.). Comercialización internacional del petróleo venezolano. Enciclopedia virtual. Recuperado de: http://www.eumed.net/libros-grátis/2011b/959/COMERCIALIZACION%20INTERNACIONAL%20DEL%20PETROLEO%20VENEZOLANO.html

Barroso, M. Autoestima del venezolano "democracia o marginalidad". Editorial Galac. Caracas - Venezuela.

Benítez, H. (2005, octubre 09). Presidente Chávez define Socialismo del siglo XXI. *Aporrea*. Recuperado de: http://www.aporrea.org/ideologia/a17224.html

Blanco, R. y Linares, R. (2008). Chávez en la política exterior venezolana: (ALCA vs. ALBA), de la democracia representativa a la participativa. *Revista sobre fronteras e integración*. 13 (26), pp. 49-58. Recuperado de: http://www.saber.ula.ve/bitstream/123456789/30033/1/articulo5.pdf

Bolívar, S. (1829, agosto 05). Carta al Coronel Patricio Campbell. Guayaquil. [Blog de Cruzada sur izquierda indo - hispánica en línea]. Recuperado de: http://cruzadasur.blogspot.com/2009/12/carta-al-senor-coronel-patricio.html

Buruma, I. y Margalit, A. (2000). Occidentalismo. Breve historia del sentimiento antioccidental. Península.

Caldera, R. (1994). Compromiso solidario. Selección de discursos del primer año de gobierno. Caracas. Ediciones de la Presidencia de la República.

Calvani, A. (1979). Política internacional en el último medio siglo. En Venezuela moderna, Medio Siglo de Historia (1926-1976). Caracas: Editorial Ariel.

Cardozo, E. (2002). Aproximación a la propuesta internacional de Hugo Chávez: las concepciones de democracia e integración. *Revista venezolana de análisis de coyuntura*, viii (1), pp. 153 -173.

Carother, T. (1999). Aiding Democracy Abroad: the learnig curve whashinton.

Carrera Damas, G. (2011) El Bolivarianismo-Militarismo, una ideología de reemplazo. Caracas, Editorial Alfa.

Casilda Béjar, R. (2004). América Latina y el Consenso de Washington. Boletín Económico de ICE (2803). Recuperado de:

http://biblioteca.hegoa.ehu.es/system/ebooks/14120/original/America_Latina_y_el_consenso_de_Washington.pdf

Central Intelligence Agency. (s.f.). Bolivia. The world fact book. Recuperado de:

https://www.cia.gov/library/publications/the-world-factbook/geos/bl.html

Central Intelligence Agency. (s.f.). Nicaragua. The world fact book. Recuperado de:

https://www.cia.gov/library/publications/the-world-factbook/geos/nu.html

Ceresole N. (1999). Caudillo, pueblo y ejército. La Venezuela del Comandante Chávez. Editorial Al-Andaluz.

"Colombia acusa a Chávez de apoyar al terrorismo". (2008, marzo 05). *Lomás*. Recuperado de:

http://lomas.excite.es/colombia-acusa-a-chavez-de-apoyar-el-
terrorismo-N534.html

"Colombia denunciará a Hugo Chávez ante la Corte Penal Internacional".
(2008, marzo 04). *Noticias 24*. Recuperado de:

http://www.noticias24.com/actualidad/noticia/12538/urgente-alvaro-
uribe-denunciara-a-hugo-chavez-ante-la-corte-penal-internacional/

"Colombia: FARC se adhiere al "Movimiento Continental Bolivariano"
creado en Caracas". (2009, diciembre 08). *INFOLATAM*. Recuperado
de:

http://www.infolatam.com/2009/12/09/colombia-farc-se-adhiere-al-
movimiento-continental-bolivariano-creado-en-caracas/

Conniff, M. (2003). Neopopulismo en América Latina. La década de los 90
y después. *Revista de Ciencia Política*. XXIII (1), pp. 20-31.

Consejo de Movimientos Sociales de ALBA se constituye en su capítulo
Venezuela. (2011, mayo 21). *ALBA TV*. Recuperado de:

http://www.albatv.org/Consejo-de-Movimientos-Sociales-de.html

Consejo Supremo Electoral. (s.f.). Elecciones presidenciales, cuadro
comparativo 1958-2000. Dirección de estadísticas electorales. Caracas,
Venezuela. Recuperado de:

http://www.cne.gov.ve/web/documentos/estadisticas/e006.pdf

Constitución de la República Bolivariana de Venezuela. (1999). *Gaceta
Oficial de la República Bolivariana de Venezuela*, 36.860, diciembre 30,
1999. Recuperado de:

http://www.saren.gob.ve/docs/ConstitucionRBV1999-ES.pdf

Constitución de la República de Cuba. (2002). Gaceta oficial de la
República de Cuba, 2003 (Extraordinaria), enero 31, 2003.

Recuperado de: http://www.cubadebate.cu/cuba/constitucion-republica-
cuba/#c12

Coordinadora Continental Bolivariana. (s.f.). Principios de organización.
Venezuela site. Recuperado de:

http://www.venezuelasite.com/portal/Detalles/1030.html

Coordinadora Continental Bolivariana. (2010, junio 07). [Blog Crímenes y castigo en línea]. Recuperado de:

http://crimenessincastigo.blogspot.com/2010/06/la-coordinadora-continental-bolivariana.html

Coordinadora Continental Bolivariana. (2008, febrero 29). Conclusiones del II Congreso de la Coordinadora Continental Bolivariana. *Aporrea*. Recuperado de:

http://www.aporrea.org/tiburon/n109960.html

Coppedge, M. (2002). Soberanía popular versus democracia liberal en Venezuela. En: Ramos Rollón, M. (Eds.), Venezuela: rupturas y continuidades del sistema político (1999-2001). Universidad de Salamanca. Salamanca.

Cox, R. (1981). Fuerzas sociales, estados y órdenes mundiales: más allá de la teoría de las relaciones internacionales. En John Vásquez, (1994) Relaciones Internacionales. El pensamiento de los clásicos. Barcelona, editorial Limusa.

Dávila, L. (1996). La formación de las identidades políticas en Venezuela. Mérida, Universidad de los Andes, Consejo de Publicaciones.

De la Torre, C. (2003). Masas, pueblo y democracia: un balance crítico de los debates sobre el nuevo populismo. *Revista de Ciencia Política*. XXIII, (1), pp. 55 y 56.

De la Venezuela Saudita a la Venezuela hipotecada. (2010, diciembre 30). *Agencia Venezolana de Noticias*. Recuperado de:

http://www.avn.info.ve/node/36035

Diderot, D. (2005). Artículos de la enciclopedia sobre el legislador y el derecho natural.

Dreyfus, R. (1980). 1964: A conquista do Estado. Rio de Janeiro, ediciones Vozes.

Esposito, R. (1996). Confines de lo político. Valladolid, ediciones Trotta.

Fundación Enrique Bolaños. (s.f.). La Guerra Nacional de Nicaragua 1854-1857.

http://guerranacional.enriquebolanos.org/docs_varios_pdf/Narracion_
   GuerraNacional.pdf

García Banchs, A. (2012, marzo 09). ¿Es mérito de Chávez el alza del
   petróleo? *Econométrica*. Recuperado de:

http://www.econometrica.com.ve/blog/es-merito-de-chavez-el-alza-del-
   petroleo-por-angel-garcia-banchs/

García Pelayo, M. (1980). Las transformaciones del Estado
   Contemporáneo. Madrid, ediciones Alianza.

García Ponce, G. (2000). Carácter y tareas de la revolución democrática
   bolivariana. Instituto Municipal de Publicaciones de Caracas.

Gómez, I. (2005). ¿Ajuste económico con desajuste social? Un análisis de
   los programas sociales de la Agenda Venezuela. Trabajo que se presenta
   para optar al grado de Doctor en Ciencias Sociales. Universidad
   Central de Venezuela, Caracas.

González Urrutia, E. (s.f.). Las dos etapas de la política exterior de Chávez.
   Nueva Sociedad (205)

Heinz, D. (2007). El Socialismo del Siglo XXI. Bogotá, editorial FICA.

"Honduras dice que Venezuela duplicó tasa de PETROCARIBE". (2013,
   julio 05). *El Universal*. Recuperado de:

http://www.eluniversal.com/economia/130705/honduras-dice-que-
   venezuela-duplico-tasa-de-petrocaribe

"Hugo Chávez y Estados Unidos, relaciones que nunca funcionaron".
   (2013, marzo 05). *Caracol.* Recuperado de:

http://www.caracol.com.co/noticias/internacionales/hugo-chavez-
   y-estados-unidos-relaciones-que-nunca-funcionaron/16173/
   nota/1853761.aspx

Leu, H. (1983). Los principios que orientan el diseño y la ejecución de
   la política exterior Venezolana. En agenda de la política exterior
   venezolana. Caracas: Instituto de Estudios Políticos, UCV, pp. 95-105.

Libertad Organización. (2015). El Índice 2015 de Libertad Económica.
   Recuperado de:

http://www.libertad.org/indice

Libro Amarillo de la República de Venezuela. (1965). Ministerio del Poder Popular para las Relaciones Exteriores, p. 18.

Líneas Generales del Plan de Desarrollo Económico y Social de la Nación 2001-2007. Septiembre, 2001. Caracas, Venezuela. Recuperado de:

http://www.mppp.gob.ve/wp-content/uploads/2013/09/Plan-de-la-Naci%C3%B3n-2001-2007.pdf

"Los polémicos pagos del 'Daily Journal' a la esposa de Ollanta Humala". (2009, mayo 07). *Noticias 24*. Recuperado de:

http://www.noticias24.com/actualidad/noticia/44832/los-polemicos-pagos-del-daily-journal-a-la-esposa-de-ollanta-humala/

Maquiavelo, N. (s.f.). El príncipe, ediciones Agebe.

Martínez, M. (2005, junio 13). Bolivia: desigualdad y pobreza. *BBC Mundo*. Recuperado de:

http://news.bbc.co.uk/hi/spanish/business/barometro_economico/newsid_4087000/4087540.stm

Medina, H. (2010, enero 14). Rafael Caldera y el petróleo. [Blog del Dr. Rafael Caldera en línea]. Recuperado de:

http://rafaelcaldera.com/index.php?route=information/faq&topic=45_77

Mendoza, P., Montaner, C. y Vargas Llosa, A. (1996). Manual del perfecto idiota latino americano. Barcelona: Editorial Atlántida.

Mészáros, I. (2009). El desafío y la carga del tiempo histórico: El socialismo del siglo XXI). Premio Libertador al pensamiento crítico. Recuperado de:

http://www.me.gob.ve/media/contenidos/2012/d_26076_396.pdf

Morales López, E. (s.f.). El discurso político de Rafael Correa (Presidente del Ecuador). Universidad A. Coruña. Recuperado de:

https://digitum.um.es/xmlui/bitstream/10201/42377/1/EL%20DISCURSO%20POL%C3%8DTICO%20DE%20RAFAEL%20CORREA%20%28PRESIDENTE%20DE.pdf

Negro Pavón, D. (1992). Derecho de resistencia y tiranía. Anales del
    seminario de metafísica, ediciones Complutense.

Oppenheimer, A. (2005). Los Cuentos Chinos. Buenos Aires: Editorial
    Sudamericana.

Organización de Estados Americanos. (2001, agosto 13). Comentarios y
    propuestas de los estados miembros al proyecto de carta democrática
    interamericana. Recuperado de:

http://www.oas.org/charter/docs_es/venezuela_es.htm

Organización de Estados Americanos. (s.f.). Documentos de la Asamblea
    General. Recuperado de:

https://www.oas.org/consejo/GENERAL%20ASSEMBLY/Documents/29.
    pdf

Peters A. (1999). El principio de equivalencia como base de la economía
    global. México, editorial Txalaparta.

Petkoff, T. (2005). Dos izquierdas. Caracas, edición Alfadil.

Plan de Desarrollo Socialista Simón Bolívar 2007-2014. Marzo, 2011.
    Caracas, Venezuela. Recuperado de:

http://www.psuv.org.ve/temas/biblioteca/proyecto-nacional-simon-
    bolivar/

Poliszuk, J. (2013, febrero 17). 14 años de corrupción. *El Universal.*
    Recuperado de:

http://www.eluniversal.com/nacional-y-politica/130217/14-anos-de-
    corrupcion

Portantiero, J. y De Ipola, E. (1981). Lo nacional popular y los populismos
    realmente existentes. *Nueva Sociedad*, (54), pp. 7-17. Recuperado de:

http://es.scribd.com/doc/206875176/Portantiero-de-Ipola-Lo-Nacional-
    Popular-y-Los-Populismos-Realmente-Existentes#scribd

Prensa Consejo de Movimientos Sociales del ALBA - Capìtulo Venezuela.
    (2011, mayo 22). Consejo de Movimientos Sociales del ALBA crea su
    Capítulo Venezuela. *Aporrea.* Recuperado de:

http://www.aporrea.org/poderpopular/n181387.html

Real Academia de la Lengua Española. (2014). Diccionario de la lengua
española. (23.ª ed.). Madrid, España: Autor.

http://lema.rae.es/drae/?val=sobreseer

Rengifo, J. [Juan Rengifo] (2011, abril 14). Jaime Bayly entrevista a Hugo
Chávez 1998. [Archivo de video]. Recuperado de:

https://www.youtube.com/watch?v=mE84o4Yxh70

Rey, J. (1991). La democracia venezolana y la crisis del sistema populista
de conciliación. *Revista de Estudios Políticos Nueva Época*, (74).
Recuperado de:

dialnet.unirioja.es/descarga/articulo/27121.pdf

Rodríguez, X. (2005). Orígenes y alcances del poder militar en la
Venezuela actual. Trabajo que se presenta para optar al grado de
Magister Scientarium. Salamanca, España.

"Rodrigo Granda, primer beneficiado con la excarcelación de guerrilleros
promovida por el presidente Álvaro Uribe". (2007, mayo 30). *Semana*.
Recuperado de:

http://www.semana.com/on-line/articulo/rodrigo-granda-primer-
beneficiado-excarcelacion-guerrilleros-promovida-presidente-alvaro-
uribe/86265-3

Romero, A. (2005). Política exterior del régimen. [Blog
WEBARTICULISTA en línea]. Recuperado de:

http://webarticulista.net.free.fr/ar200530111229.html

Romero, J. (2005). Discurso político, comunicación política e historia en
Hugo Chávez. ÁMBITOS, (13-14), pp. 357-377. Recuperado de:

http://grupo.us.es/grehcco/ambitos13-14/20romero.pdf

Romero, M. (2009). Política exterior venezolana: El proyecto democrático,
1959-1999. Editorial CEC.

Salinas Maldonado, C. (2014, enero 29). El presidente Daniel Ortega
consigue la reelección indefinida. *El País*. Recuperado de:

http://internacional.elpais.com/internacional/2014/01/29/
actualidad/1390955328_152316.html

Salomón, M. (s.f.) La teoría de las relaciones internacionales en los albores del siglo XXI: diálogo, disidencia, aproximaciones. *Revista CIDOB d'Afers Internacionals*, (56), pp. 7 - 52. Recuperado de: www.cidob.org/es/content/download/31234/476602/.../56salomon.pdf

Sánchez, R. (2000). La Organización de Países Exportadores de Petróleo (OPEP). En Kaldone G. Nweihed: Venezuela y los países hemisféricos, ibéricos e hispano hablantes. Caracas: Instituto de altos Estudios de América Latina. Universidad Simón Bolívar.

Serbín, A. (1992). Crónica de un cambio anunciado, el gran viraje y la política exterior de Venezuela. Washington D.C: The Wilson Center.

Soriano de García Pelayo, G. (2010). El personalismo político, pasado y presente de una recurrencia. Fundación Manuel García Pelayo. Caracas.

Steve, E. (2009). La política exterior del gobierno de Chávez: la retórica chavista y los asuntos sustanciales. *Revista venezolana de economía y ciencias sociales*, 15 (1), pp. 115 - 132. Recuperado de: www.scielo.org.ve/pdf/rvecs/v15n1/art06.pdf

Talmon, J. (1956) El origen de las democracias totalitarias. México, editorial Aguilar.

Toro Hardy, A. (1992). La maldición de Sísifo. Quince años de política externa venezolana. Editorial PANAPO.

Vásquez, F. (2010, noviembre 11). Convenio integral de cooperación Venezuela - Cuba (2000). [Blog de Aristóbulo Istúriz en línea]. Recuperado de: http://aristobulo.psuv.org.ve/2010/11/11/%C2%A1uh-%C2%A1ah-chavez-no-se-va/convenio-integral-de-cooperacion-venezuela-cuba-2000/#. U1MktNhOXDc

"Venezuela vende su producción petrolera a seis países: EEUU y China a la cabeza". (2013, abril 03). *PETROGUÍA*. Recuperado de: http://www.petroguia.com.ve/pub/?q=article/venezuela-vende-su-producci%C3%B3n-petrolera-seis-pa%C3%ADses-eeuu-y-china-la-cabeza

Vera, M. (2005). Pobreza, desigualdad y movilidad social en Bolivia: Síntesis de la Evidencia Empírica Reciente. Programa de Naciones Unidas para el Desarrollo.

Von Clausewitz, K. (s.f.) De la guerra. Ediciones Libertador.

Wendt, A. (2005). La anarquía es lo que los estados hacen de ella. La construcción social de la política de poder. *Revista Académica de Relaciones Internacionales* (1). Recuperado de:

www.relacionesinternacionales.info/ojs/article/.../5.pdf

90252760R00102

Made in the USA
San Bernardino, CA
09 October 2018